新媒体时代下高校思想政治教育的发展研究

王逸文　刘晓明　邬　琼　◎著

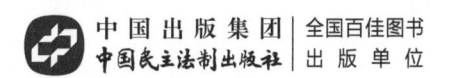

中国出版集团　全国百佳图书
中国民主法制出版社　出版单位

图书在版编目（CIP）数据

新媒体时代下高校思想政治教育的发展研究 / 王逸文，刘晓明，邬琼著. — 北京：中国民主法制出版社，2023.6
　　ISBN 978-7-5162-3274-3

　　Ⅰ．①新… Ⅱ．①王… ②刘… ③邬… Ⅲ．①高等学校－思想政治教育－研究－中国 Ⅳ．①G641

中国国家版本馆CIP数据核字(2023)第108477号

图书出品人：刘海涛
出版统筹：石　松
责任编辑：刘险涛　吴若楠

书　　名	新媒体时代下高校思想政治教育的发展研究
作　　者	王逸文　刘晓明　邬　琼　著

出版·发行/中国民主法制出版社
地址/北京市丰台区右安门外玉林里7号（100069）
电话/(010) 63055259（总编室）　63058068　63057714（营销中心）
传真/(010) 63055259
http://www.npcpub.com
E-mail:mzfz@npcpub.com
经销/新华书店

开本/16开	787毫米×1092毫米
印张/13	字数/200千字

版本/2023年8月第1版　　2023年8月第1次印刷
印刷/廊坊市源鹏印务有限公司

书号/978-7-5162-3274-3
定价/58.00元
出版声明/版权所有，侵权必究。

（如有缺页或倒装，本社负责退款）

前言

  这都具有重大的现实意义和深远的历史影响。教育系统各级党组织高度重视，思想政治教育工作在改进中加强，在创新中发展，并取得了重大成就。随着方法和途径深入拓展，队伍建设不断加强，育人环境不断优化，广大青年学生思想积极、健康向上。在肯定工作和成绩的同时，我们也要清醒地看到，高校作为各种思想文化交流交锋的前沿和阵地，所面临的形势仍然十分复杂和严峻。从国际看，西方敌对势力仍在通过各种途径对我国高校进行意识形态渗透，且形式更加隐秘，手段更加多样；从国内看，思想政治教育的对象、环境、方式、内容都在发生深刻的变化。同时，新媒体技术对思想政治教育产生的影响越来越深远。社会新变革对思想政治教育理论创新的需求越来越迫切，青少年的思想特点和成长规律对提升思想政治教育针对性、实效性的诉求越来越强烈。这些都是思想政治教育工作者需要研究的新问题和应对的新挑战。广大思想政治教育工作者需要准确把握当前的这些时代特征，梳理总结中华人民共和国成立以来，尤其改革开放以来，大学生思想政治教育取得的可喜成绩和积累的宝贵经验，关注时代发展的特点和党的战略部署，积极探索和构建中国特色的大学生思想政治教育的工作体系和理论体系。

  聚焦思想政治教育的前沿问题。思想政治教育的前沿问题是指在理论研究和实际工作中遇到的热点问题、难点问题和规律性问题，这些问题对大学生成长成才以及思想政治教育创新发展产生重要影响，具有普遍性、集中性和迫切性等特点，需要进行创造性的研究和破解。

  新媒体技术的发展与普及，对高校大学生这一特殊群体的思想、政治、文化、道德等各方面产生了举足轻重的影响。这种影响具有"两面性"，正确把握和利用，则能够促进大学生群体的智慧性、创造性的发展与发挥；反之，可以阻碍和危及大学生群体健康心理素质的形成和提高。当然，这种影响不仅体现在大学生身上，而且体现在高等教育主导地位的教师身上。所以，高校必须强化自身的思想政治建设。

  写作过程虽然很艰难，最终的成文或许不尽如人意，但是希望书中的一些观点能够引起高校思想政治教育工作者的共鸣，引起高校思想政治教育工作者的联想与思考。

  相信在党中央的领导下，我国高校的思想政治教育工作一定能够继往开来，与时俱进，英才辈出，为实现伟大的"中国梦"增砖添瓦，谱写新的篇章。

目录

第一章 新媒体的概述 1
    第一节 新媒体的基本特征 1
    第二节 新媒体表现形态 4
    第三节 "新媒体"与新媒体时代 10
    第四节 新媒体改变了高校校园生活 14

第二章 高校思想政治教育的理论 16
    第一节 思想政治教育的概念及功能 16
    第二节 高校思想政治教育的重要性 23

第三章 新媒体时代高校思想政治教育对大学生的影响 35
    第一节 新媒体给大学生思想政治教育带来的机遇 35
    第二节 新媒体给大学生思想政治教育带来的新挑战 39
    第三节 新媒体时代大学生思想政治教育创新应坚持的原则 44

第四章 新媒体时代高校思想政治教育的媒介影响 49
    第一节 新媒体对高校思想政治教育环境的影响 49
    第二节 新媒体对高校思想政治教育工作者的影响 57

第五章 新媒体时代高校思想政治教育目标和原则 67
    第一节 高校思想政治教育体系构建的目标 67
    第二节 新媒体时代大学生思想政治教育的原则 72

第六章 新媒体时代增强高校思想政治理论课教育教学实效性对策 78
    第一节 增强实效性的原则 78
    第二节 注重新媒体的影响 80
    第三节 转变传统高校思想政治教育观念 82
    第四节 构建新媒体教育平台 84
    第五节 提高师生运用新媒体的媒介素养 88

第六节　设置议题增强思想政治教育的针对性 ... 91
第七节　强化新媒体教育建设与管理 ... 94

第七章　新媒体时代下优化高校思想政治教学内容 ... 97
第一节　拓展思想政治教育内容 ... 97
第二节　突出政治教育的主导性内容 ... 101
第三节　优化思想政治理论课教学内容 ... 102

第八章　新媒体时代下优化高校思想政治教学模式 ... 107
第一节　高校思想政治理论课教育教学改革 ... 107
第二节　高校思想政治理论课教育创新发展 ... 112
第三节　新媒体环境下高校思想政治教育创新发展 ... 118

第九章　新媒体文化视角下大学生思想政治教育话语 ... 123
第一节　思想政治教育话语的界定以及构成 ... 123
第二节　新媒体时代下大学生思想政治教育话语的转型建构 ... 127
第三节　新媒体时代下大学生思想政治教育话语的优化 ... 130

第十章　新媒体时代高校隐性思想政治教育 ... 134
第一节　高校隐性思想政治教育概述 ... 134
第二节　互联网视角下高校隐性思想政治教育的现状分析 ... 138
第三节　互联网视角下高校隐性思想政治教育的路径选择 ... 144

第十一章　新媒体时代下做合格大学生 ... 150
第一节　合格大学生的标准和原则 ... 150
第二节　新媒体时代下大学生要高举爱国主义旗帜 ... 158
第三节　新媒体时代下要强化大学生纪律观念、树立科学人生观 ... 168

第十二章　新媒体时代高校校园文化建设 ... 184
第一节　高校校报在校园文化建设中的作用 ... 184
第二节　融媒时代下高校校报建设校园文化的创新思路 ... 188

参考文献 ... 194

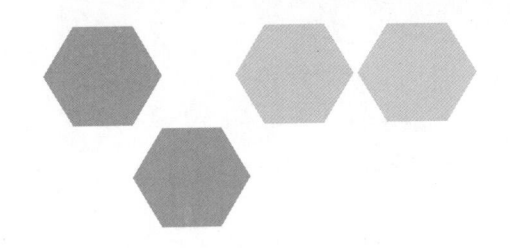

第一章 新媒体的概述

第一节 新媒体的基本特征

关于新媒体的基本特征，有海量信息、超时空、全球化、分众化、个性化、多媒体性、交互性、即时性、综合性、开放性、平台性、低成本、检索便捷、虚拟性、延展性和融合性等各种各样的说法，它们都从不同的侧面揭示了新媒体的特性。与报刊、广播和电视等传统媒体相比，新媒体的基本特征主要表现为海量性、交互性、即时性和多媒体性。

一、海量性

在传统媒体时代，报刊的版面无论有多少、广播和电视的时长无论有多长，它们的信息贮存与容量都是有限的。到了新媒体时代，这种状况才得到根本性的改变。新媒体借助网络传播技术、数字技术和移动通信技术，通过国际互联网向全球用户提供海量信息。

这种"海量信息"不仅数量众多、内容丰富，甚至包罗万象、无所不有，而且它们不受时间、数量和传播途径的限制，可以随时随地在互联网上进行传播与流动，这在之前的任何一种传统媒体上都无法实现。这些海量信息，既来自对人类既有知识的积淀与总结，又来自全球新媒体用户在互联网上的创造。这些新媒体用户借助各种固定终端和移动终端，通过互联网实现对这些海量信息的共享，并由此带来其工作、生活的一切领域发生改变。伴随着海量信息几乎无成本的全球流淌，伴随着人与人、人与物、物与物之间囊括一切的连接，人们有理由预见，财富、生活、交往、创造、观念，立体的又一轮激烈变革，就在眼前。"

二、交互性

交互性，是新媒体区别于传统媒体的最重要、也最本质的特征。在传统媒体时代，媒体机构与受众之间的关系是不平等的，即媒体机构负责传播，受众被动接受；前者主动，后者被动；传播模式为从传者到受众的单向传播。这种状况在新媒体时代得到彻底改变：受众（姑且称为"受众"，实际上在新媒体时代没有严格意义上的"受众"）由单一的受众身份变而为多元的参众、网众和用户身份；受众角色由被动变而为主动；传播模式由"从传者到受众"的单向传播一变而为"传者与受众"双向互动传播。具体地说，其一，受众的身份与角色彻底改变，从被动身份到主动角色。传统媒体时代的受众，在传播过程中处于弱势地位，其身份是被动的接受者，面对媒体机构的强势作为，往往敢怒而不敢言。新媒体使受众的身份发生改变——由受众到参众、网众和用户，无论是参众、网众，还是用户，都强调的是受众的主动介入、积极参与；受众身份的改变使其在新媒体使用过程中扮演角色随之发生改变——由单一的被动接受者到多元的主动参与者，或者将二者融为一体，既是信息的接受者，又是信息的传播者。其二，彻底改变了传者与受众之间的不平等地位。过去的时代，媒体机构作为传播者，由其传播主导地位决定，对传播哪些内容，选择何种传播方式，一般是不顾及或者完全忽视受众的需要与感受的，往往居高临下，进行信息的编辑与传播；受众由于接收信息的渠道有限和自身的弱势地位，不得不选择沉默或者被动接受。

而在新媒体时代，参众、网众和用户的地位空前提升，他们不再是被动接受者和沉默一族，而是选择积极参与、主动介入，对传播机构的强势做派选择"用脚"投票的方式加以否决，于是在与后者的博弈中彻底改变了之前的不平等地位。其三，彻底改变了"由传者到受众"的单向传播模式，变为"传者与受众之间双向互动式"的传播模式。

三、即时性

传统的报刊、广播、电视在新闻报道上是讲求时效性的，但是受技术和生产流程的制约与影响，新闻从采编到刊播出来之间总会有一个时间过程。报纸媒体今天采写的新闻，最快也要明天才能见报，期刊媒体的时间周期更长；广播、电视媒体今天上午采编的新闻至少要到今天中午或者下午才能播出（当然，现场直播除外）。新媒体不仅追求实效性，更把这种实效性推向极致—讲求传播的即时性。一方面，网络技术、数字技术、移动通信技术为人们应用QQ、MSN、博客、播客、微博、微信、短视频等新媒体形式消除了技术障碍，使人们可以借助这些新媒体形态进行即时传播、即时交流，诸如，在线交流思想的点滴体会、行动的些微收获和片刻的心理变化等；另一方面，人们在现实生活中目击的新闻事件、拍摄的新闻图片、采写的现场短新闻等，则可以通过微博、微信等上传网络，成为新媒体的即时报道，并不断丰富新媒体的报道内容。因此，新媒体具有即时性的特征。新媒体对传播实效的不断追求，也使得人们的交往模式向即时在线转变。微博的简洁、手机的及时和便携，加上无线上网技术的成熟，使得人们可以随时随地地进入网络获取信息并发布信息。但也正是因为网络的全方位覆盖，使得社会交往的速度越来越快，很多时候都要求人们及时甚至即时做出回应。新媒体所带来的这种全天候信息传播方式，使得人们的零碎时间被最大限度地整合，新媒体不断渗入个人生活的方方面面，最大限度地侵袭着人们的时间，使社会交往时刻处于即时在线的紧迫感中。

四、多媒体性

报刊、广播、电视等传统媒体的表达形态比较单一：报刊是平面媒体，其表达形态以文字、图像为主；广播是声音媒体，其表达形态以声音为主；电视是声画媒体，其表达形态以声音、画面为主。新媒体运用数字技术，在媒体表达形态上突破传统的报刊、广播、电视的种种限制，将文字、图像、音频、视频和动画等多种媒体形态整合在一起传递信息，实现信息的多媒体传播或全媒体传播。当然，新媒体要实现多媒体传播，离不开超文本计算机技术。多媒体超文本是一种按信息之间关系非线性地存储、组织、管理和浏览信息的计算机技术。新媒体借助数字技术和超文本的非线性信息组织方式，实现传统的报刊、广播、电视等多种媒体形式的互相融合，使新呈现的媒体形态，既可以是"可看"的文字、图像，又可以是"可听"的音频，还可以是"可观"的视频、动画。

第二节 新媒体表现形态

一、网络媒体形态

网络，即互联网，其全称是国际互联网（Internet）。网络媒体是继报刊、广播和电视之后最早出现的新媒体形态，因而被称为"第四媒体"。网络媒体是借助国际互联网这个信息传播平台，以电脑、电视机以及移动电话等为终端，以文字、声音、图像等形式来传播新闻信息的一种数字化、多媒体的传播媒介。网络媒体形态包括搜索引擎、门户网站、垂直网站、新闻网站、视频网站、社交网站等。

（一）搜索引擎

1. 目录式搜索引擎

它的工作原理是依据人工目录，按类搜索信息。搜索引擎首先提供一份由人工按照类别编排的网站目录列表，再在网站目录下细分出具体内容的子目录，子目录资料库保存着各网站的站名、网址和内容提要等，网络用户则按照这类子目录搜索相关的信息，雅虎、搜狐即属此类。

2. 全文搜索引擎

与目录式搜索引擎不同，全文搜索引擎是全文扫描，建立索引，并按照索引查找，即借助计算机索引程序，对文章中的每个词进行扫描，确定其出现的次数与位置，并建立相应的索引；当用户搜索该文时，该检索程序就会依据先前建立的索引进行搜索，并将搜索结果反馈给用户。百度、谷歌即全文搜索引擎的代表。

3. 元搜索引擎

它的工作原理是一个用户界面，多个搜索引擎。即将用户的查找请求发送到多个搜索引擎之上进行信息检索，再用同一界面将搜索结果提供给用户。元搜索引擎没有自己的独立数据库，而是调用多个搜索引擎的搜索结果，以统一的格式在同一界面上集中显示。元搜索引擎由于处于多个搜索引擎之上，借助分布于网络的多种检索工具进行全局控制，所以又被称为"搜索引擎的搜索引擎"。国内著名的元搜索引擎有搜魅网（Somet）、Baigoogledu等。

4.垂直搜索引擎

它是针对某一特定行业的专业搜索引擎，是全文搜索引擎的细分和延伸，具有"专、精、深"的特点。它的工作原理是用网络蜘蛛在互联网上不断搜集页面，再"按照对象不同，对搜集到的网页所包含的信息进行区分，然后分门别类地将内容信息集成到对象信息库中"。在网络抓取、对象分类和内容集成之后，垂直搜索引擎就可以利用这些结构化的对象信息为用户的特定需求提供全面、专业、有深度的服务。

（二）门户网站

门户（Portal），原意为入口、正门，现在多指互联网上的门户网站和企业应用系统的门户系统。门户网站（Portal Web，Directindustry Web），由英文的"Portalsite"翻译而来，属于ICP（Internet Conetnt Provider，网络内容提供商）的一种，指的是将互联网上浩繁多样的信息按照一定的规则进行整理、分类以后提供给搜索引擎，以便用户能够快速找到所需信息的网站。门户网站最初提供的是搜索服务和目录服务，随着互联网的发展和竞争的加剧，门户网站也迅速地拓展各种新的业务类型以吸引和留住互联网用户，从新闻信息、娱乐资讯到搜索引擎、电子邮箱、增值服务，门户网站的业务包罗万象、应有尽有，因而有"网络超市"、"网络世界的'百货商场'"之称。根据门户网站主要服务对象的地域特征，可以分为综合门户网站和地方门户网站。综合门户网站面向的是全国乃至全球范围内的互联网用户，以提供综合型的新闻信息、娱乐资讯为主，也提供搜索引擎、网络邮箱、在线游戏、移动增值等其他产品，拥有庞大的用户群体和较高的流量来源，影响力比较广泛。目前，综合门户网站明显存在着盈利模式比较单一、同质化竞争严重等问题。随着互联网个性化风潮的来临，综合门户网站还需要进一步在分析用户需求的基础上，不断创新产品和服务，打造个性化、独特性的品牌风格，才能建立利润屏障，获得行业竞争优势。地方门户网站指的是通向地方综合性互联网信息资源并提供信息服务的地方综合网站系统。它最基本的特征是有着强烈的地方属性，以服务于当地互联网用户为宗旨，主要为当地用户提供地方的新闻资讯、房产信息、招聘求职、商场促销、旅游招商、文化历史等特色信息。这些信息一般都是跟当地用户的生活息息相关的，具有针对性、实用性和互动性。

（三）垂直网站

垂直网站（Vertical Website），也被称为专业化网站，是指针对某一特定领域、群体或某些特殊需求而提供与之相关的深度信息和服务的网站。与大而全的综合性网站不同的是，垂直网站的定位非常清晰，它力求提供某个领域内最全面、丰富的信息和最专业的服务，针对性强、专业化程度高和服务的深度性是其最显著的特点。

（四）新闻网站

我国新闻网站按照三级布局：中央级的国家重点新闻网站、省级的地方新闻网站和依托传统媒体建设的大型新闻网站。按照有关规定，国家大型新闻门户，如新华网、人民网、中国网等政府网站的后缀为".gov"；中国网站的后缀为".cn"；商业门户，如网易、新浪等商业网站的后缀为".com"。

（五）视频网站

视频网站是以视频作为技术平台和经营平台的网络媒体，它让互联网用户在线发布、浏览和分享视频作品。近年来，无论是P2P直播网站、BT下载网站，还是视频播放网站，抑或是视频点播网站，都将自己争夺的重点放在影视点播上，这种现象值得关注。在盈利模式上，有些视频网站通过让广告商给频道冠名收取费用，另一些以向注册用户提供没有广告的服务借以收取费用，还有一些找到了合作伙伴共同进军电子商务和网络游戏市场。所以，盈利模式不清晰导致我国网络视频市场尽管发展很快，却很少有企业实现盈利。

（六）社交网站

在互联网领域，英文缩写SNS有三层含义。其一是指Social Network Service，这个含义的范畴最广，指的是帮助人们建立社交网络的互联网应用服务；其二是Social Network Software，指采用P2P技术构建社会网络的软件；其三是Social Network Site，是用来建立社会关系的网站，即社交网站。虽然三者侧重点有所不同，但这三个词界定的事情都是将人的社会化及社会关系的建立与维系当作核心。

虽然对于 SNS 而言，最普遍的定义是 Social Network Service，但是严格来讲，国内的 SNS 指的都是社交网站而非社交网络服务，因此，本书所说的 SNS 主要是指社交网站或者社交网（Social Network Site）。社交网站的特点表现为用户具有相同的属性和较高的黏性，成员之间的互动频繁，呈现出较高的群组聚合性。

二、数字媒体形态

（一）数字广播媒体

在数字媒体时代，数字广播媒体拥有主动性、互动性和个性化等新属性，同时具有高保真、传播内容大、不受时空限制和成本低廉的优势，并且建立在数字技术基础上的数字广播媒体有多种传播形态，具体表现为无线网络广播、卫星广播、手机广播、数字地面广播等。

（二）数字电视媒体

数字电视（Digital Television），又称为数位电视或数码电视，是与模拟电视相对的，是指从节目的采集、制作、编辑、播出、传输、接收的全过程都采用数字技术的电视系统。数字电视的具体传输过程是，由电视台送出的图像及声音信号，经数字压缩和数字调制后，形成数字电视信号，经过卫星、地面无线广播或有线电缆等方式传送，由数字电视的接收器接收后，通过数字解调和数字视音频解码处理还原出原来的图像及伴音。因为全过程均采用数字技术处理，因此，信号损失小，接收效果好。与模拟电视相比，数字电视具有图像质量高、节目容量大（是模拟电视传输通道节目容量的10倍以上）和伴音效果好的特点。数字电视提供的最重要的服务是视频点播（VOD），它有效地提高了节目的参与性、互动性和针对性，因此，在可以预见的未来，电视将朝着点播模式的方向发展。此外，数字电视还提供了数据传送、图文广播、上网服务等其他服务，用户能够使用电视进行股票交易、信息查询、网上冲浪等，此举赋予了电视新的用途，扩展了新的功能，把电视由封闭的窗户变成了交流的平台。

（三）IPTV

IPTV（Internet Protocol Television），即交互式网络电视，是一种利用宽带互联网的基础设施，以家用电视机、个人电脑和手机为接收终端，集互联网、多媒体、通信、广播电视及下一代网络等基本技术于一体，借助互联网协议，向家庭和个人用户提供包括数字电视在内的多种交互式服务的新媒体形态，用户在家里可以通过计算机、网络机顶盒＋普通电视机和移动设备（手机、平板等）三种方式享受 IPTV 服务。按照百度百科的说法，从 NGN（Next Generation Network 的简称，即下一代网络，又称为次世代网络）概念与定义来看，IPTV 属 TriplePlay（语音、数据、视像三重播放业务）范畴，是一种宽带网络业务，涉及多媒体、视频业务，它利用各种宽网络基础设施，通过有利于多业务增值的 IP 协议，提供包括视频节目在内的各种数字媒体交互性业务，实现宽带 IP 多媒体信息服务。IPTV 既不同于传统的模拟式有线电视，也不同于经典的数字电视，因为传统的模拟式有线电视和经典的数字电视都具有频分制、定时、单向广播等特点。尽管经典的数字电视相对于模拟电视有许多技术革新，但只是信号形式的改变，没有触及媒体内容的传播方式。相比较而言，TPTV 的最大优势在于它的交互性，而数字电视的最大优点在于其图像的高清。

三、移动通信媒体形态

（一）短信、彩信

短信的英文名是 SMS，是 Short Message Service 的缩写，用户通过手机或其他电信终端，直接发送或接收的文字或数字信息。按照设置，用户每次能接收和发送短信的字符数，是 160 个英文字符或数字字符，或者 70 个中文字符。

彩信，即 MMS，是 Multimedia Message Service 的简称，中文名为多媒体信息服务，通常又称为彩信。与短信相比，彩信的特色是应用多媒体功能，传递功能全面的内容和信息，这些信息包括文字、图片、数据、动画、音频和视频等多媒体信息。

第一章 新媒体的概述

（二）手机报纸

手机报纸，又称为手机报，是整合、编辑传统报纸信息，使之变成适合在手机上观看的新闻，再通过基于 GPRS 等无线网络技术的彩信业务平台，将其发送到用户的手机上，或者用户利用 WAP 连接到网络直接浏览信息的全新传播模式。手机报纸图文并茂，在观感上更加接近传统报纸。手机报的出现不是偶然。它是科学技术迅猛发展、电信技术突飞猛进、传统媒体应对挑战的产物，是传统媒体和电信媒体联姻的成果。它是传统报业继创办网络版、兴办网站之后，跻身电子媒体的又一举措，是报业开发新媒体的一种特殊方式。

（三）手机期刊

手机期刊，又称为手机电子杂志，是指直接在手机上阅读的多媒体资讯杂志。它突破网络电子杂志的局限，传播内容图文并茂，无需网络，无需下载，直接在手机上阅读，方便快捷。手机期刊具有精准传播（推送）、成本更低、携带方便和环保时尚等特色。

（四）手机图书

手机图书，又叫手机电子书，主要指通过手机阅读的电子图书。伴随着移动通信技术的成熟和手机的普及，通过手机看小说在国内已经成为一种时尚和潮流。当前，手机电子图书文件主要有 UMD、WMLC、JAVA（包括 JAR，JAD）、TXT、BRM 等几种格式。

（五）手机电视

手机电视（Mobile TV），是基于 Android 平台的在线音视频播放和分享应用，为用户提供电视频道和音频广播直播，是以手机等便携式移动终端设备，传播视听内容的一项技术或应用。手机电视融合多种媒体特性，将电视媒体的直观性、广播媒体的便携性、报纸媒体的滞留性和网络媒体的交互性融为一体。因此，手机电视不仅能够提供传统的音视频节目，而且还可以借助无线网络完成交互功能，更利于多媒体增值业务的开展。

四、自媒体形态

自媒体的英文名为 WeMedia，又称"公民媒体"或"个人媒体"，它既是一种以个人传播为主的媒体形态，又是一种个性化、平民化、自主性极强的信息传播方式，它主要借助博客、播客、微博、微信、论坛（BBS）等信息传播平台，向社会公众或者特定个人传递信息的新媒体形态的总称。

在传统媒体时代，信息传播活动由专业媒体机构主导，它们在新闻报道时通过议程设置，强化主流媒体声音，告诉社会公众哪些是对的或者哪些是错的，人们在此过程中只是扮演被动接受者，即"受众"的角色，没有多少主动性可言。新媒体时代来临以后，由专业媒体机构把持的信息传播活动逐渐被"去中心化"取代，"主流媒体声音"也渐次被碎片化和个性化所淹没，每一个人都在从自己获得的资讯中对事物做出主观价值判断。与由专业媒体机构主导的信息传播不同，自媒体是由普通大众主导的信息传播活动，它将传统媒体时代的由"点到面"的传播，转化为自媒体时代从"点到点"的传播，是用户与用户之间的一种对等的传播活动。因此，从根本上说，自媒体是一种以个人传播为主的媒体形态，即人们常说的"人人都有麦克风，人人都是记者，人人都是新闻传播者"。同时，它还是一种为个体提供信息生产、积累与共享，传播内容兼具私密性和公开性的信息传播方式。

第三节　"新媒体"与新媒体时代

一、新媒体的特点

（一）高普及率、高覆盖率

新媒体的高普及率和覆盖率已经渗透到社会的各个领域和层面，并被不同程度的文化群体接受。尤其对易接受新生事物的年轻人，特别是在校大学生，新媒体应用普及率及覆盖率几乎百分之百，新媒体对大学生有着不可估量的巨大影响。

（二）多渠道、高频率

信息不仅可以通过同一媒介传递给不同受众，也可以通过不同媒介传递给同一受众，这种散布性的传播模式构成非线性的网状结构，极大拓展了个体获取的信息量和与他人进行交流的广度和深度。比如，网络不仅借助电子邮件、电子论坛、微博等方式把媒体与受众之间的传播扩展为媒体、个人、组织和大众之间的同步或异步传播，而且多媒体化和超文本链接，使个体能够实现信息即时转换，自由地选择所需信息，从而增强了信息容量和传播速度。随着大数据、云计算时代的到来，新媒体应用渠道之广泛、频率之高，已远远超过以往任何一种媒体形式，可以达到全天候和全覆盖性，足以输送庞大的难以想象的信息量。

（三）海量性、交互性

如上所述，新媒体多渠道、高频率的特点足以输送海量的信息，为海量信息的传播提供了手段，而其多点上传的模式，使得信息的发布不再仅仅来自组织与集团，任何人均可在任何时候与公众分享任何信息。相应地，任何人均可在任何时候得到任何可能得到的信息，这就为海量信息的传播提供了丰富的来源。且这种海量信息传播实现了一对一、一对多及多对一的互动交流，具有极强的即时或延时的交互性。海量性与交互性，使新媒体黏性更强，是其实现高普及率、高覆盖率的重要支撑。当然，我们也要看到的是，新媒体海量信息中，也存在着严重的内容上的良莠不齐，真实和虚假、先进与落后、科学和愚昧的信息并存。其交互性与传播分散化更是削弱了政府"把关人"的地位和信息控制权，使个体置身于信息的汪洋大海中，面临着对信息正确判断与筛选的困境。

二、新媒体时代姗姗而来

（一）新媒体时代成为不可逆转的时代潮流

随着信息通信技术的日新月异和大众传媒业的迅猛发展，促使了媒体形态发生嬗变，其中最大的变化就是新媒体诞生，并迅速地野蛮地生长。时至今日，用手机等智能终端浏览网页、上微博、玩微信等已经成为人们拥护"新媒体"的一种常态，成为大家日益习惯的一种行为方式和生活方式，占据了人们越来越多的时间和精力，并不断蚕食着传统媒体的应用范围和发展空间。随着个人电脑、平板电脑和智能手机的广泛普及，以微博和手机报为代表的新媒体异军突起，标志着新媒体时代已经不可逆转地到来。

未来，移动互联网应用将更加贴近生活，从而带动三四线城市、农村地区入口的使用，进一步提升我国互联网普及率。以手机、平板电脑等智能终端接入互联网和拥护"新媒体"成了新媒体时代最主要的方式之一。尤其智能手机以其独特的功能和魅力强烈地吸引着最易接受新生事物的青少年群体，并成为青少年群体拥护"新媒体"获取信息和进行交流沟通的主要工具和渠道，极大影响了他们的交往方式、生活方式、思维方式及观念模式。其中，微信作为新媒体的后起之秀，更是成为广大青少年热捧的社交平台。

在新媒体时代，日新月异的新媒体在传播领域对传统媒体不可避免地形成了一股强大的冲击波。新传播咄咄逼人的发展态势已经给传统媒体带来巨大的影响和压力，进而倒逼传统媒体转型升级或加快向新媒体靠拢或融合发展的步伐尽管当前新媒体仍然无法完全取代传统媒体，但它快速发展及日益普及并最终占据主导地位已成不可逆转的潮流，而这也正是新媒体时代已然到来的最有力的实证。

（二）新媒体时代的特点

相较于信息不对称的传统媒体时代，新媒体时代正日益显露出以下几个特点。

一是新媒体时代实现了全媒体格局的形成，加速了人类进入全民麦克风时代。新媒体时代并非由单一的新媒体唱独角戏，而是形成了新媒体与传统媒体优势互补、融合发展的全媒体时代。所谓"全媒体"，指媒介信息传播采用文字、声音、影像、动画、网页等多种媒体表现手段（多媒体），利用广播、电视、音像、电影、出版、报纸、杂志、网站等不同媒介形态（业务融合），通过融合的广电网络、电信网络以及互联网络进行传播（三网融合），最终实现用户以电视、电脑、手机等多种终端均可完成信息的融合接收（三屏合一），实现任何人、任何时间、任何地点、以任何终端获得任何想要的信息（5W）。全媒体并不是一种一成不变的单一模式，它是一个开放的系统。当互联网日益普及，博客、播客等新型媒介形态大行其道；而当手机逐渐普及，手机报、手机小说、手机电视开始又风靡全球。"全媒体"就是一个开放的不断兼容并蓄的传播形态，随着3G网络的成熟，4G网络的开发成功，5G网络的推广应用，又将有许多意想不到的传播形态加入其中，丰富受众的媒体体验。而全媒体格局的形成，进一步加速了人类进入全民麦克风时代的步伐。在全媒体格局之下，每个人都可能成为传播信息的渠道，都可能成为意见表达的主体。这就好像是每个人面前都有一个麦克风，可以随时随地发出自己的"声音"——包括文字、图片、视频等，由此为不同利益群体提供了平等表达利益诉求的平台，特别是为弱势的草根群体提供了维护基本权益的发声平台。所以，从某种意义上说，新媒体时代，也可以说是草根崛起的时代，是一个推进社会日益扁平化或平民化、大众化的伟大时代。

二是新媒体时代为各类受众创造了平等对话的机会，使新媒体成为普通民众利益表达的非常重要的通道。新媒体时代，各类受众包括公共知识分子、中等收入阶层、成功人士、草根阶层、政府和官员、媒体记者、辟谣者、境外媒体和互联网上各类受众，都能在新媒体里找到平等的对话机会。尤其对于继农民、农民工、下岗职工后被称为"第四大弱势群体"的大学毕业低收入聚居群体，新媒体更是成了他们展示伤痕和相互取暖的地方。另外，由于守卫社会公正底线的司法制度不够完善，行政监督机制一定程度上不能有效制约某些官员的胡作非为或不作为，执政党的党纪约束和党性教育与体制内贪腐现象的博弈还在继续，上访制度经常变成"截访"而使民众利益表达和权利救济的其他通道出现堵塞或低效运行，传统媒体的舆论监督功能持续弱化等，从而使新媒体成为老百姓最便捷地表达利益诉求和赢取公众支持的重要通道。

三是新媒体时代打破了传统媒体对信息及其传播的垄断，使新媒体成了突发公共事件的重要信息源。

四是新媒体时代促进了跨界融合成为常态，使新媒体成了一股消解边界的力量。新媒体时代，由于大数据、电子商务、云计算等日益广泛地应用，为许多在以前难以想象的跨界融合创造了条件，如今以互联网为纽带的产业跨界融合已经成为我国经济转型升级的一种新模式。在媒体之间，新媒体也正以"互联网+""O2O"以及互联互通、跨界介入等多种方式，在压缩传统媒体生存发展空间的同时，也在倒逼着传统媒体转型升级，并成为一股巨大的消解力量，不仅消解着传统媒体（电视、广播、报纸等）之间、新媒体与传统媒体之间的边界，也消解着产业之间、社群之间、国家之间的边界，还消解着信息发送者与接收者之间的边界,使传统媒体时代清晰的各类边界日渐模糊甚至消失,促使媒体形态正朝着新老融合、创新发展的方向变革比如,传统媒体时代最为强势的媒体——电视,也正走上与互联网、与智能手机对接的数字电视、手机电视之路,逐步与新媒体实现了融合发展。

第四节 新媒体改变了高校校园生活

一、大学生校园里的"新常态"

新媒体凭借着有别于传统媒体的交互性、即时性、数字化、超文本性、个性化等技术特点和高普及率、高覆盖率、多渠道、高频率、海量性与交互性等媒体特点,迅速得到了大学生群体的广泛认可和接受,成为他们了解信息咨询的首选渠道,并深刻地影响着他们的思想意识和行为习惯。

在我国数量庞大的网民中,人数四千多万的在校大学生、高职生几乎人手一部智能手机,用手机上网、登微博、玩微信等已经成为他们习以为常的新常态,成为最活跃的新媒体用户群体之一,占据了他们越来越多的时间,形成一种生活方式、行为方式、交往方式及思维模式。有人说吃穿住行和上网是当代大学生的五大件,更有甚者说大学生可以不吃饭,但是不能不上网或不能没有WiFi,可见新媒体给大学生带来的深刻影响已经达成社会共识。新媒体对大学生学习生活的影响有三个特点:一是影响空前广泛绝大多数大学生都能熟练使用互联网浏览新闻、观看视频、网络购物和社交等。微博媒体深刻影响着大学生对世界的认知和看法。二是影响形式多样化。随着新媒体技术的发展,影响大学生思想的新媒体形式更加多样化。新媒体舆论场本身在不断细分,有人称网站、论坛都已经成为传统媒体,微博、微信、社交网站等迅速崛起并拥有了相对固定的人群。三是影响深度融入,新媒体技术紧密融入大学生生活和学习之中,不仅吃喝住行全面覆盖、而且其影响更加入微入细,更加润物细无声。总之,新媒体给在校大学生提供了前所未有的多样化审视视角和展示平台,也正逐渐成为影响和培育大学生价值观、人生观、世界观的新载体,成为大学生校园生活不可忽视和不可或缺的一部分。

二、新媒体已与大学生学习生活融为一体

如今，新媒体对于当代大学生来说，早已不再是一种工具，而是一种环境，是大学生学习生活中不可或缺的一部分。随着互联网向移动互联升级，人手一部智能手机的当代大学生对新媒体的接受程度和使用频率都是比较高的，他们以智能手机、电脑等依托，以QQ、微信、微博、短视频等为平台，主动拥护"新媒体"，并使新媒体逐渐成为在校大学生日常生活中不可或缺的一部分，融入他们学习与生活的各个方面。

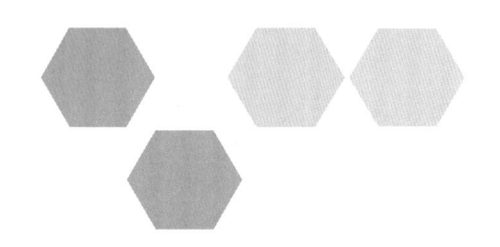

第二章 高校思想政治教育的理论

第一节 思想政治教育的概念及功能

一、思想政治教育的概念

在对思想政治教育的理论如何去定义的问题上，学者有不同的观点。其中，有些学者认为思想政治教育是要引导人们经过思想政治教育的学习，树立正确的世界观、'人生观、价值观。当然，也有很多学者认为开展思想政治教育，是因为每一个人都是社会中的一部分，部分服从于整体的同时，也能够推进整体的发展。所以，思想政治教育要先对个体进行教育和指导，这样个体的思想的前进与发展才能够推进整个社会思想的前进与发展，个体与社会的思想政治教育倾向与宗旨才会趋于一致。从众多学者分析的思想政治教育的观点中可以看出，思想政治教育具有鲜明的特征和内容。第一，具有强烈的政治性，思想政治教育主要针对受教育者进行马克思主义的强化教育，使每一公民都坚定中国特色社会主义理想信念，坚持走中国特色社会主义道路。通过政治性来确保马克思主义的长期指导地位，保证我国社会主义建设事业的持续发展进步。第二，具有显著的思想性，即用国家的大政方针、理论政策，以及党和政府对中国特色社会主义事业的最新理解、最新理论对广大学生进行思想政治教育，保证受教主体更加认同党和国家的大政方针、政策。第三，具有明显的道德性，思想道德对整个人类社会产生深刻的影响，受教育者接受过思想政治教育后，可以通过道德这根无形的线形成社会基本道德规范，约束人们，指导人们的思想及处事原则。通过对其政治性、思想性和道德性的不断增强与深化，思想政治教育就会为我们的社会主义事业建设培养出大量的人才。

进入21世纪以来，随着时代的发展和科技的不断进步，现代传媒技术迅猛发展，同时促进了人类社会思想的进步，社会各个阶层的思想呈现出一种百花齐放的发展态势。而与此同时，外来的思想文化也在影响着人们的价值观念。瞬息多变的思想文化环境让人们容易陷入面临多种价值选择且易迷失自我的困境中，正是这种困境对我国思想政治教育提出了新的挑战。新形势下的思想政治教育在政治性、思想性和道德性等多个方面要求我们要与时俱进、不断创新，要求我们在理论和实践层面上找到新的突破口，即在原来理论的基础上逐渐形成新的高校思想政治教育形式。

思想工作就是更改人们对于某一类事物的见解和意见，用引导与沟通的方式来达到特定的目标，且思想政治教育的施教者认为这一目标是正确无误的思想，是受教育者需要理解和认识并学习的重要思想。进行思想工作所采取的主要方式就是说服，即"摆事实，讲道理"。思想工作包括很多方面，小到普通到不能再普通的柴米油盐居家过日子，大到国家和政府制定的方针政策。思想工作更多的是不同人之间的思想相互碰撞，迸发出灵感与火花。方式多种多样，可单个对单个，可单个对多个，也可多对单，多对多。思想工作的存在对文化的传播具有十分重要的作用，但是思想工作对思想发展基本上没有特别的限制。思想工作主要是帮助同社会发展不符或者是与自身发展不符的行为个体。

就政治工作而言，为了贯彻落实国家意志的宗旨和目标，必须明确地，有组织、有纪律地对人民开展长久的政治工作。为了保证国家所有的工作都可以有序正常地开展并且有好的发展方向，必须开展政治工作，既包括思想上的指引，也包括具体方针政策的实施。此外，政治工作还具有强制性的特征，对国家发展有利的政策与方针会被强制实施，这有利于国家的安定与繁荣。如果在现实生活中能切实落实政治工作，那么政治工作所具有的监督作用就会很好地显现，一旦发现有害于国家或人民的思想和行为，就能够立刻被更正。

思想工作和政治工作整合在一起形成了思想政治工作。二者相互影响，相互交融，思想工作中体现着政治性工作，政治性工作中体现着思想性工作。

党的意识形态内容的具体落实体现在生活中的方方面面，这样就会让社会个体和社会主流思想相融合，充分展现每个社会个体自身的生产力，进而推动整个社会的进步。

思想政治教育和思想政治工作含义有相同之处，但又不是完全相同。思想政治教育着重体现在对人具有深刻影响的教育以及对人的积极指引。思想政治工作则侧重于其工作方面的特征，一定要老老实实做完设定的工作与目标。思想政治工作的开展要有组织，并且可以量化，帮助人们对社会主流思想和占主流地位的意识形态进行深入理解，帮助社会人群建立精准的人生观、世界观和价值观。

思想政治教育产生的影响在人们自身需求同国家民族需求之间不断发展，随着时间的推移，社会不断地前进与发展。人们的需求一直存在，并在不断增加，经过统计和合理的规划后，党和国家出台了一些有益于社会发展的方针和政策。为了符合时代进步的思想要求，就必须借助一定的手段，有计划地对人们贯彻实施思想政治教育，增加约束和引导。坚持人民是国家的主体，坚决不能动摇人民的主体地位。不同的时代背景下，人们的需求一定会有所变化，人民的需求主要是通过思想政治教育来体现的。依据中国的国情和历史背景，人们选择了马克思主义，并且不断地把马克思主义融入中国。与此同时，马克思主义自身的价值也在中国化的进程中得以实现。

二、思想政治教育的作用

（一）思想政治教育功能作用的研究分析

1. 作用论

德育功能是指教育者在进行品德培养的活动中，使受教育者所产生的现实或后续的作用。思想政治教育功能有积极独特的作用和影响，是思想政治教育对教育对象甚至整个社会在教育过程中所发生的。

2. 能力论

能力论者认为，坚持思想政治教育功能是能力在实施教育活动过程中所产生的，这种观点是在这样的认识基础上形成的，事物潜在的力量被称为能力，即事物是否具备这种能力，并利用这些能力发挥一定作用，满足需求。

3. 结果论

德育功能是一种结果，是德育系统内部各要素之间、环境与系统之间产生相互作用的结果。卢德育功能指个体和社会受到德育的影响所产生的客观结果。

4. 价值论

价值论者认为，价值的体现是通过思想政治教育功能来完成的，是思想政治教育展现出人和自然、人和人相互作用、相互影响的过程中的价值。

5. 职能论

德育功能是从"职能论"的角度来界定的，指的是能够承担的职责和应该具备的职能；换言之，就是它可做和不可做。

6. 效用论

学者在诠释思想政治教育功能时使用"效用"一词，并提出了效用论的观点，指出在思想政治教育活动中思想政治教育功能所发挥的作用和产生的效果。

（二）思想政治教育功能的相关论述

1. 思想政治教育的功能

思想政治教育具备多种不同的功能，也可分为多种不同的类型。根据现有的研究成果，大约有下列几种划分方法。

首先，从价值角度来看，可分为正功能与负功能。通过两种效应反映德育，正效应是我们所期望的效果，负效应是我们不期望产生的效果。

其次，从个人、自然、社会三者之间的关系来看，各种功能之间的有相互协调关系。比如，个人性功能、政治功能、社会性功能，以及经济功能之间的各种关系。但是也有多种不同的说法，有人认为德育功能体现在三个方面，包括教育性功能、个体性功能、社会性功能。这三方面又各自包括不同的类型。个体性功能包括个体的生存、发展、享用。教育性功能则通过德育的教育或者德育这一功能展现，它是对平行系统有重要影响的子系统。还有价值属性这一方面。社会性功能包括政治、文化、经济和自然性功能。

再次，从教育思想系统结构来看，教育思想系统的内部和外部系统是德

/19/

育所包含的两个方面，认同、适应、享用是内部系统所包含的三个功能。外部功能即德育系统与各方面德育环境之间的相互影响和作用，它通过政治功能，自然性功能，经济文化功能三个方面展示出来。对德育系统有决定性作用影响的是，经济发展水平。自然环境则起熏陶的作用。文化水平起渗透作用。同样不容小觑的是政治思想对德育的控制全局作用。因素的多少决定德育功能的多少，与此相反，功能的多少限制因素的多少。

综上所述，思想政治教育功能的类型划分标准有很多，观点不一，各自都有自己的道理和见解，总体给人感觉有点杂乱，并不具有系统性、科学性。

2.高校思想政治教育的作用

（1）对个体发展的作用

人们要想适应瞬息万变的现实社会，只能通过思想政治教育来实现。一旦人们具有了规定性的特征，同时人的思想道德个性特征又能在学习的过程中得到发展，人作为思想道德的主体，就可以通过不断增强意识，塑造一个完满的，甚至是超越现实规定性的思想道德人格。具体来说，个体发展的作用方式受到思想政治教育的影响，主要体现在以下几个方面。

第一，人具备社会思想道德文化规定性特征。人存在于特定的社会环境背景中，具有主观能动性。在社会领域，各种社会活动无规律可循。造成这种现象的原因就是每一个人都从各自的动机出发，追求自己的目的，可是我们会发现自己的目的很难达到。在我们深入研究社会的深层、由表及里的结构时，往往一些相互冲突的活动会形成一个全新的集合体，形成一种全新的活动模式。其秩序和节奏与任何社会个体的活动都不相同，这种全新的模式不会为任何一个个体而改变，这种秩序和节奏就是规范个人的基础。作为人类个体活动的产物—社会思想道德文化，一经创造便会具有相对独立性。有的对人类个体还具有反向规定、规范作用。所以，人之所以成为"社会化"的人，是因为认识到社会现实中已有的规定和既存的思想道德文化，人为社会思想道德文化所接纳的同时又是现实社会思想道德文化的占有者、体现者，这些都是人之所以存在于现实社会中的根本性的前提。人要想超越自我，成为一个"全新人"，可以通过在思想政治教育活动中提高思想道德素质，从而才能够成为一个不同于以往的人。思想政治教育教导人们学会关于人类社会的思想道德文化的全部内容，使其变成一个具备丰富关系的全面的个体，不再受人类自身的局限，超越自我孤立、片面、偶然的个性。人在社会中主要依靠思想政治教育获得现实规定性，因而才能适应现实思想道德文化。

第二，思想道德赋予人对自我和规定性超越的动力和能力。

不断超越和改造才是人活动的重要本质，不单纯是为了适应；换言之，它对对象的肯定性关系只是作为环节蕴涵于对象的否定性关系之中。传统道德教育只是没有认识到人具有制定规则的能力，没有认识到个人在社会化过程中使社会的规则成为自己性格的一部分，也就认识不到人可以重新制定社会的规范，并发展自己的个性。如果仅仅是在社会现实思想道德文化的适应层面上对人进行思想政治教育，这并不能适用于人的活动本质，人将只能是一种"有限"发展的存在。教育对象要满足现实生活的需求，建构自己的思想道德观念，通过在思想政治教育中与社会思想道德文化的相互作用来获得现实的规定性。人在现实生活中不断面临新的问题和挑战，思想政治教育对人的作用不仅仅是使人"接受""适应"已经存在的固有的规定，还要人成为具有新的现实性的人，更新思想道德需要和自我理想的追求。思想政治教育使人能够不断创新，利用现有的一切思想道德文化超越现实社会中出现的各种规定性。同时，人通过在现实社会思想道德文化环境里的各种活动中构建并产生一个新的自我，这些都是通过在现实社会思想道德文化中不断丰富自我、提高自我而构建出来的。这个新的自我所凝聚的思想道德素质构和水平与旧有之"我"相比较，大不相同。人通过思想政治教育掌握人类创造的已经存在的思想道德文化成果，使人的思想道德素质得到全方位、积极向上的发展。另一方面，人的理想自我和价值追求又被思想政治教育不断地唤醒，使得自身存在的价值得到不断提升，并有了更大的空间，从而让人成为思想道德的创造主体。通过不断变革创新、超越现实的需要和理想，展现出无限的精神力量，激发超越一切的斗志，只有经过这些过程的人才能具备动力和能力去超越自我和社会的规定性。

第三，人的思想道德个性发展可以通过思想政治教育来实现。

即便思想政治教育有很多共性，但仍然存在个性差异，这是由个体不同的倾向性和心理特征所决定的。个体本身具有不同的思想道德素质结构，必将使个体在思想道德需要、理想目标，以及观念、态度、情感、行为习惯等方面有不同的表现。可以通过思想道德的个性差异个体来帮助确立和提高思想道德自我意识，使人的自尊心、自信心、自制力和自豪感得到更好地形成和发展，创造出具有个性特点的思想道德观念和行为方式。换言之，思想政治教育能使个体的自我思想道德素质得到更好地发展。

（2）对文化选择的作用

思想政治教育的选择作用对于思想道德文化的整体发展是十分重要和不可或缺的。在思想道德文化的传承过程中，应对其主要部分加以选择，如果没有进行选择那么势必会对思想道德文化的发展毫无益处。通过分析思想道德文化自身的内部运动可知，矛盾和斗争充斥在各种不同的思想道德文化之间，思想道德文化发展的必然结果是去芜存菁、推陈出新。如果没有很好地选择思想道德文化，其发展趋势势必将出现停滞现象，思想道德文化发展的生命力也将慢慢枯萎、消失殆尽。随着文化的选择性缺失，创新意识和创新能力就会逐渐退步，并逐渐消亡，人的思想道德文化的创新功能也很低。

思想道德文化所具有的选择作用是通过思想政治教育来实现的，主要表现在它对社会思想道德文化做出肯定的或否定的判断和分析，将其作为独立于人之外的对象，使得社会思想道德文化在发展前进的过程向着积极健康的方向。由于思想政治教育存在于现实之中并具有现实意义，所以思想政治教育是以现实为基础的，是根植于现实思想道德文化之中的。对于每个人来讲，一旦无法与现实思想道德文化紧密结合，这个人将失去自身存在的根基而无法生存于社会之中。但是，从另一个角度讲，在现实思想道德文化教育中，教育对象并没有得到教育者的全部教授，而是选择性地学习现实思想道德文化，并以社会主导价值观为依据。

综上所述，如果说社会是一个大系统，那么，作为社会大系统中的一个子系统，思想政治教育的社会功能体现在，其对社会大系统和各个子系统的功能之上，它的本质是不断地为整个社会系统输送优秀的人才和提供思想道德文化支持，比如，政治文化、伦理文化、企业文化等。思想政治教育系统与社会其他活动系统之间存在相互作用的关系，如经济活动系统、政治活动系统等，因而会出现很多具体化的社会功能的学说，如思想政治教育的经济功能、政治功能等。其实，思想政治教育提供的人才支持与思想道德文化的传承发展是其所表现出的社会功能作用。通过思想政治教育向社会输送富有超越精神、创新意识和创新能力的人才，满足思想道德文化的需求，同时传承思想道德文化

总之，深入地探究思想政治教育功能，有利于进行理性反思，对思想政治教育的重要地位和作用有科学的认识；有利于本质的揭示，使受教育者树立正确的思想政治教育功能观；有助于拓展思想政治教育学的研究领域，使思想政治教育学科的发展得到促进；有助于思想政治教育科学化的推动，使思想政治教育的实际效用得到提高。

第二节 高校思想政治教育的重要性

一、高校思想政治教育的重要意义

学者们对"高校思想政治教育"进行深入探究后，纷纷指出大学生思想政治教育应是一种从全局上加强教育，从根本上改进的总的方法，还有一些学者认为，高校大学生思想政治教育应当通过教育内容、思想政治队伍、实践教学、教育环境等各方面的整体改革与系统优化，全员、全程、全方位构建一个育人的大学生思想政治教育实施体系，实现高校思想政治教育的最大合力。通过学者的表述可以看出，高校大学生思想政治教育是一种全新的理念与途径，建立新形势下的思想政治教育，"育人为本"是理念的关键所在，"全员育人、全过程育人、全方位育人"是方法的关键所在。价值取向在高校大学生思想政治教育中有着重要的作用，即在大学生平时的教育活动中渗透社会主义核心价值，使大学生通过社会主义核心价值明辨是非、懂得行事做人的基本价值取向。大学生在抵御各种社会思潮的侵袭时，能够主动运用社会主义核心价值，使文化涵养的重要作用更加突出，引导大学生具备高尚的情操和品格，即充分发挥传统文化、社会主义先进文化的作用。总之，高

校思想政治教育的重点是通过个体修养和价值导向促进人的全面发展。

二、高校思想政治教育的作用

构建新时代下高校思想政治教育格局，更好地发挥思想政治教育的基本理念，完成高校立德树人的重要目标，可以通过借助思想政治教育独特的育人功能来完成。

（一）凝聚主流思想

主流思想是指社会成员认同的规范和共识，即在历史和现实中形成的能够指导人们正确行为的思想。高校思想政治教育面临的主要问题之一就是应对各种声音共存、各种思潮蜂拥而起、各种思想纷乱复杂的现象。青年人容易接受新鲜事物，但思想不够坚定，容易被各种思想意识所侵蚀。因此，青年大学生思想的这块蛋糕不断地被社会上的各种思潮抢夺，致使高校表现出主流声音不够响亮、主流思想不够强大、主流思潮的影响力不够突出等问题。要解决这些问题，必须通过高校思想政治教育，强力汇聚主流思想，实现其作为灵魂的主要功能。高校思想政治教育的焦点和聚力凭借价值导向、文化涵养等方式，不断汇聚主流声音、凝聚主流思想。

如何将大学生目光聚焦到主流思想上来，促使大学生健康成长、全面发展呢？高校可以通过思想政治教育的基本理念，全方位育人，引导大学生学习主流思想、消化主流思想、内化主流思想，用行动展现主流思想。

（二）传递正能量

正能量主要指情感和动力，包括一切积极向上、奋发图强的人和事，也是一种健康乐观、积极奋进的态度。人们的期待和渴望通过正能量得到很好的诠释，它紧密联系和依赖着人们的情感。只要社会上所有人都相信正能量，并把其当作一种信仰不断传播，就能够指引人们提高精气神去共同奋斗。

当前，高校中存在多种形式的精神状态，既有积极、健康、向上的精神，也有消极、悲观的情绪，其存在的理由各不相同，这些都是导致高校中正能量出现分散现象的因素。努力传播正能量，培养和提高大学生的情操、品格，通过"全员育人、全程育人"的方法，将大学生的思想和行动逐步引导到正能量上来，让他们做拥有高贵的品格、积极向上的人，这是高校思想政治教育的另一个重要功能。此外，高校还必须不断创新教育载体，开展各种主题教育活动，进一步完善教育体制，为思想政治教育营造良好的、积极向上的校园文化氛围，促进社会正能量的传播。

（三）树立社会主义核心价值观

"核心价值"作为是非标准和遵循的行为准则，是判断群体或个人在社会中做事的主要依据。少年强则国强，青少年作为社会发展导向的实行者和引导者，是社会未来的主人。新一代青少年长大成才是国家时刻关心的问题，他们有自己的追求和理想抱负。为了让广大青少年能够结合自身的优势，清楚地认识到自己在社会中的角色，国家提出了适合中国国情、社会发展及青少年成长的思想政治教育的目标和方法，以帮助他们可以准确定位自己的发展方向，并在成长过程中更好地形成具有自身特色的人生观和价值观。

大学生群体是生产力社会中的特殊群体，他们在青少年群体里的表现最为突出的是特殊性和独立性。青少年的人生观、价值观的形成在大学阶段尤其重要，在这段时间，大学生通过学习思想政治教育，逐步形成有利于自身进步的、符合国情发展的价值观，根据自己的喜好和优势，思考、确定自己未来的发展方向。

高校可以通过两方面来完善大学生的思想政治教育，一是大学生自身的思想品德；二是其政治素养。首先，大学生应该了解自己的自身特征；其次，应该知道如何做才能成为对社会、国家、自己有益的人。正确积极的思想作风使得大学生知道哪些事可以做，哪些事不可以做，在学习的过程中建立自身良知和社会底线，做到这些他们才能在进入社会后不受阻碍，同时不会做出危害社会的行为，在社会中呈现一个健康人的姿态。人是社会构成的基本要素，人与社会相互影响，个人的生存离不开社会，了解自己、了解社会是我们必须要做的。政治理念、政治立场和政治态度是大学生政治素养的综合体现，只有这样才可以在实现自己价值的同时，将自己前进的力量贡献给国家和社会。

以教育为中心的高校思想政治教育给大学生提供了大量帮助，是大学生学习生活实践的理论指导。高校思想政治教育关注的焦点是大学生的实际思想生活需求和具体的思想特点。让大学生树立社会主义建设者主人翁意识，不断拓展大学生的视野，使其进一步思考其社会定位和自身的发展；党和国家出台相应的政策，制订大学生人才培养计划，通过分析青年一代的思想状况发展水平，为大学生提供服务。同时，制定行为规范来约束和督促高等院校和大学生的实践行为，并积极进行调整，合理培育人才，使其能够适应社会的发展要求。坚持以立德树人为首，培养大学生的优秀品质和良好习惯，将大学生专业课程与思想政治教育相结合，紧密联系大学生的实际生活。各大高等学校的教师、学者、教授应针对不同学校学生群体的特点，依照国家制定的人才培养计划，有针对性地对大学生开展思想政治教育，提高他们的思想政治教育素养，使他们能够全面健康地发展。

我国大学生思想政治教育是根据我国社会主义国情的发展需求和大学生自身的特点来制定的，以素质教育逐步引导和帮助大学生进行健康实践活动。这是在统筹规划我国社会政治、经济、文化等各个方面的发展情况后，为培养大学生成为社会主义建设的新一代接班人，使其能够形成健康的政治素养、心理素养和道德品质而开展的。

目前，各种价值观在高校中传播，这对青年大学生正确价值观的形成造成了严重的影响，使大学生价值判断增加了难度。高校思想政治教育的功能是大力弘扬核心价值，基本理念是"育人为本、德育为先"。在开展思想政治教育过程中，要求高校重视核心价值观的弘扬和培育，引导大学生，使其能够真正地明辨是非，自觉抵御各种错误价值观的侵袭，成为社会主义核心价值观的践行者。

三、高校思想政治教育的目的和方向

（一）促进人的全面自由发展

全面发展大学生思想政治教育，培养品学兼优的人才型大学生，需要在教授专业课程理论知识的同时，结合学生的生活实践进行思想政治教育，大学生思想政治教育像阳光雨露般地滋养和塑造着新一代的年轻人。大学生在成长过程中遇到的问题，依靠思想政治教育能够有针对性地获得解决；同时能够营造自由健康的学习氛围，帮助大学生及时调整状态，提高学习效果，

真正地顺应时代变化。思想政治教育能使大学生在高等学校有自由学习、健康生活的空间，生活学习的积极性和热情能够被充分调动，创造力和创新性得到提升。大学生能够自由而全面地发展，对未来的探索有更多的时间和精力，无须去为适应不理想的环境花费时间和精力，全身心投入发展中，从而挖掘自身潜在的价值。

高校思想政治教育能够满足大学生的成长需要，让大学生自由地实现真实的自己，同时为培养大学生完善的道德品质和思想境界提供全方位充足的支持与帮助，进而实现自身人生价值追求。健康人格的培养在大学生思想政治教育中备受关注，可以引导大学生及时调整自己理想追求的方式方法，协助大学生合理地解决在生活中、学习中出现的一些烦恼和问题，能够使其顺应社会发展形势、适应国际潮流，形成大学生独特的思维模式，从而引导传递一些勇于担当、与人分享、乐于助人等优秀品质。大学生在思想政治教育培养下，会逐步关心社会热点问题，客观理智地评价社会热点问题，能够独立工作于社会，同时具有独立处理困扰和问题的能力，能很快适应社会中的生活与工作。通过思想政治教育既能帮助大学生规范自身的行为能力，在接触社会生活中的问题时应对自如，又能在追求人生发展目标时结合自身特点。可见，思想政治教育对人生塑造和发展具有非常重要的作用。

（二）促进国家与社会发展

大学生必须与社会发展所提倡的主流思想相符合，主要表现在思考模式、思想状态、思考内容等方面，这样，大学生所具有的社会价值和人生价值才可以得到充分发挥。

在大学校园里建设社会主义核心价值观，让主流思想在师生群体中传递，使大学生的思想道德与社会主义核心价值体系具有一致性，社会主义理想在社会其他群体和广大师生之间是有共通性的，能够不断增强整个社会的凝聚力，思想政治教育能够满足大学生自身发展和社会发展的需要。衔接好青年一代自身发展和社会需求，在良性的配合下产生推进社会发展前进的更大生产力。社会的发展与我们每个人的发展密切相关，个人自身的发展脱离不了社会的发展，社会的发展又是靠个人自身的发展去推动。

从政治工作层面来讲，如何使青年人群体更好地创造社会价值，促进社会和谐、有序、稳定地发展，可以从大学生思想政治教育着手，培养青年人具备一定政治素养，成为符合社会发展前进的人。坚持思想政治教育，帮助大学生树立正确的政治立场和方向，以此提高大学生的政治素养，才能将当代大学生培育成为一批批具有优秀人格的青年人才，成为合格的社会主义青年学子。大学生对党和国家政治方针有更深层次的了解和认识，才能够更好地发展和传承社会主义思想观念，践行社会主义核心价值观，竭尽全力地为社会创造价值，以坚定的信念支撑自身，为奔向社会主义共同理想做出贡献。思想政治教育使大学生能够在理性思考之后做出正确的判断和选择，不断挖掘自身潜能，使他们能够充分认识自己和认识世界，成为一名合格的公民。

准备进入社会的大学生，如何才能精确无误地找到自己在社会上的位置，认清楚自身所承担的社会责任和义务呢？这就需要通过大学生思想政治教育，实现一种良性循环，促进社会井然有序地向前发展。实际上，在社会中每个人享有的自由和权力是相对的。每个人在享受权利的同时需要履行相应的社会义务，人们根据国家合理分配社会现存的资源，互相配合完成彼此的工作，并且享受自己的生活。在社会这个大家庭、大集体中，每个人付出工作，人与人互相关爱、互相关心，一起维护这个大家庭。

四、高校思想政治教育的特点

（一）长期性

思想政治教育是一个长期的过程，受教育者需要有充足的时间去理解所学内容，要想看到教育成果，需要经历一段较长的时间，让他们慢慢地去接受、消化、吸收思想政治教育的内容。大学生思想政治教育也是一个循序渐进的过程，大学生在长期的实践过程中，逐渐调整自己平时生活学习中的行为习惯，认真思考自己的理想未来、人生规划，逐步掌握思想政治教育的理论、原理，及时调整自己的生活方式和行为习惯。大学生思想政治教育不是孤立、片面的，它是整体的、有联系性的。在现实的生活中，接受思想政治教育的大学生会相互影响。大学思想政治教育是一个长期的过程，人同样具备流动性，因为整个社会都是在不断向前发展，导致大学生思想政治教育会受到所处环境的影响，产生不同的效果。

思想政治教育是一个长期的过程，在这个漫长的过程中，学生掌握思想政治教育的内容可以通过多种多样的方式和方法，思想教育时刻围绕在大学生的周围，协助其学习，使其更好地完成思想政治教育的目标要求。虽然时代在不断变迁，但是思想政治教育存在于每一代人的一生，社会中所有的人都需要在思想政治教育的过程中学习积累。教育者会根据时代的要求，选择合适的方法和途径，用不一样的方式、方法进行思想政治教育，教育者通常会选择受教育群体较为容易接受的方式，结合生活经验使受教育者能够更加容易理解和体会思想政治教育的内容。大学生思想政治教育注重大学生思想政治教育的素质培养，同时不断创新教育方法，帮助大学生树立积极健康的人生观和价值观，使大学生不断与实际相结合，充分认识自己，促进自身发展。

地域不同，大学生的特点也不一样，要以符合国家人才培育标准来评价大学生，坚决不能在思想政治教育上采取一刀切的方法。大学生具有多元个性，由于受不同文化、不同地域的影响，使大学生思想政治教育的难度增加。不同地域的大学生由于自身程度不同，能够掌握思想政治教育内容的程度也就有快有慢、有多有少。高校在引导大学生去掌握和理解思想政治教育，需要采用不同的形式并具有针对性地进行。这将是一个持久战，同时思想政治教育还必须不断创新、不断前行，才能适应一批又一批来自不同地区的大学生。

（二）基础性

大学生思想政治教育是在理论指导实践的基础上，根据大学生成长的特点，指导大学生行动的理论基础。在教学过程中将从实践中总结出来的经验上升为理论思想，指导大学生的实践。思想政治教育理论无处不在，在大学生日常生活和学习中，在生活实践的每一个细节中，都起到指引的作用，在保障大学生们生活、学习有序性的同时，也是大学生们迈向人生舞台的重要基础。行动源于思想，在学习具体学科或是生活实践之外，大学生思想政治教育是每个大学生需要认真掌握的，是思想心灵上的教育沟通。大学生通过思想政治教育，全面深刻地了解自己、了解社会。追求人生理想的大学生在一次次剖析生活学习中收获经验，与时俱进地接受思想洗礼，充分认识自己的信念追求，更加健康地成长。各个地区的高校思想政治教育极力提供切合新时期大学生实际的、容易掌握的、能够融会贯通的方法，高度重视大学生思想政治教育工作。

大学生要形成自己的世界观、人生观和价值观，需要思想政治教育的指导和帮助，因此，高校应将思想政治教育融入大学生的生活和学习中。思想政治教育对大学生价值观的形成有很大的影响，在人的大脑中，思想往往是先于行动的，人往往都是先琢磨做什么事，再决定实践的具体方法，而大学生具体生活实践是以思想政治教育为指导的，思想政治教育就是与大学生人生追求的碰撞，帮助大学生以更好的状态在人生舞台上发挥自身价值，确立适合自己的人生理想，寻找合适自己的方法，更好地发挥自身的潜能。

（三）整体性

通过思想政治教育，大学生能正确地、客观地认识社会现象的本质，在社会中找到适合自己的舞台，发挥自己的价值。高校的思想政治教育包括编纂思想政治教育教材，教职工组织的思想政治教育教学和实践活动，以及大学生受到的校园文化熏陶。大学生思想政治教育在高校集体中能取得更好的效果，促使大学生的成长与社会发展的步伐相一致。

思想政治教育在高校内是一个完整的体系，它指引大学生身心成长的发展方向，同时对大学生实际生活的思想困惑答疑。思想政治教育帮助大学生解决学习生活中出现的一个个困惑和疑惑，使大学生能够更好、更快地成长。大学时期是人生观形成的关键时期，思想政治教育伴随着大学生成长的整个过程，因此要符合国际、国内发展的价值观。

大学生思想政治教育涵盖了高校内的大学生思想政治教育、大学生家庭及其所处社会环境带来的无形的思想政治教育。所谓近朱者赤、近墨者黑，周围的环境相对于大学生个体而言是一个相对完整的世界，大学生的价值观很容易受到环境的影响，从而形成具体的行为举止。社会信息及大学生家人的价值观所形成的合力会影响大学生的世界观、人生观、价值观。大学是大学生正式踏入社会工作环境前的一个预热过程，它就像一个小社会，在这里思想政治教育帮助大学生养成独立思考能力，逐步走出思想被动接受的状态，客观、正确地认识社会，了解国际发展和我国的社会发展，从国家、世界的高度看问题，但又不脱离国际和国内社会。

大学生思想政治教育需要给大学生的发展提供一个合适的环境，通过将社会、家庭及高校各个方面的生活紧密地结合在一起，共同为大学生思想政治教育做出努力。高校通过授课帮助大学生感受和了解社会实践活动，发现需要改进的地方，并及时引导大学生如何去做，使其思想发展的走向正确。家庭方面，引导大学生应该怎么去表达自己，找准自己的位置，日常生活的行为举止要正确。社会方面，大学生通过社会舆论和法律法规得到信息反馈，各个层面密切配合，认可大学生价值观及品德行为，发掘新时代大学生中所蕴含的能量。只有这样，社会对大学生的思想政治教育才能真正完成，才能将大学生培养成为社会主义事业的接班人。

五、高校思想政治教育的方法

（一）理论与社会实际相结合

大学生思想政治教育是面向广大大学生开展的，通过了解其生活、学习实践活动，将理论与实际相结合起来，借此提高思想政治教育对大学生的影响力和成效。理论联系实际是大学生思想政治教育的重要因素，结合新时期大学生的思想动态和学习生活方式，采取有效措施进行高校大学生思想政治教育，使大学生更容易接受。

大学生思想政治教育不能继续以僵化和教条的教育方式进行，应通过了解学生和他们的兴趣所在，选择能够启发他们的思考方式，在大学生生活学习中一点点渗透，潜移默化地影响大学生的思想。教育者需要时刻关注大学生的生活方式，配合合适的启发式、选择合理的载体去教授思想政治教育理论知识，帮助大学生解决人生和思想发展上的问题和困扰，引导大学生建立积极健康的思想道德品质和政治素养。

大学生思想政治教育需要深入关注大学生实际生活，帮助大学生解决实际生活学习中的问题和疑惑，采取更加有效的方式与大学生进行沟通，有针对性地开展丰富的生活实践活动，或者开展形式多样的文化交流讲座，使他们更容易接受，进而起到指导作用，最终帮助大学生全面健康的发展。大多数大学生的困惑在相应年龄段会出现，但有时候也会出现具备大学生个人特色的一些疑问，这些问题就需要大学生思想政治教育针对个体差异、联系实际情况，分析、鉴别困惑问题的性质，因材施教，对大学生的需求进行客观合理的分析，以达到最好的效果。

大学生思想政治教育要求在实践中不断锻炼他们的思想政治素质，理论教育联系实际生活和学习，充分调动大学生的积极性和能动性，使大学生对思想政治教育理论的内涵和精神有更深刻的理解和把握，这样才能积极自主地调整自己的生活行为习惯和思考方式，正确选择未来人生方向，同时帮助大学生树立正确的人生观和价值观。

（二）学校教育与家庭教育互相配合

大学生对社会、对人生的看法和观点多少都会受到家庭成员的影响。家庭生活是一个人对社会最开始的认识，家庭生活环境是什么样子的，往往很容易使大学生认为社会就是这个样子，这种意识是大学生从其从小所在的家庭生活中看到的、学习到的，因此，家庭教育对大学生的行为习惯造成了深刻的影响。

学生在学校受到教育，逐渐成长为一个能够利用自己所学发挥优势并对社会有用的人。但很多时候，家庭生活中的一些观念经常与学校的学习发生矛盾，大学生在学习的同时逐渐接触并了解到整个社会的发展情况，引发了他们对周围人的一些观念的思考，结合在学校所学，逐步形成自己的人生观、价值观。在学校多年的学习生活不仅让大学生学习专业知识，还帮助他们形成一种认识社会的方式，使其在进入社会之后能够客观地认识自己和他人，发挥所学，为自己正确定位，为自己的生活提供一定的物质保障，这一过程是大学生寻找人生方向和形成价值观的必然结果。

大学生思想政治教育引导大学生树立正确的政治观念和思想方法，提升思想政治觉悟，规范他们的言行举止，客观理性地分析生活面临的各种各样的问题。同时，大学生需要了解社会热点问题，关心国内外形势发展，关注国家大事，理解国家政策方针，增加社会参与感和归属感，增加国家公民责任与义务的意识，热爱祖国，树立正确的价值观，拥有高尚的品格。

大学生要想形成一个完整且正确的价值观，需要家庭教育和学校教育的通力合作，一方面，可以帮助大学生直面在生活和学习中那些听到的、看到的、需要独自解决的问题，运用自己的智慧，解决问题，并能够积极、勇敢地看待一些社会上的不良现象，以及应对一些让人沮丧的挫折等诸多问题；另一方面，使大学生的行为习惯得到规范，面对现实能够勇敢地去克服困难、跨越障碍。

（三）继承与发展相结合

从教学体系层面看，高等学校思想政治教育是高校教育系统的一个完整的教学体系，高等学校对大学生人才的培养按照国家统一编写的、正规的教材课程开展，有具体、明确的教育教学管理方案和选拔优秀教师资源的体系。大学生通过思想政治教育的马克思主义理论方面课程的学习，能够深刻地掌握和真正地理解马克思主义的思想方法。只有系统、高效率地学习理论知识，才能清楚明了地认识和了解社会主义，学习与中国国情相结合的社会主义的理论体系的精华部分，在实际生活和学习中通过系统的学习提高思想政治水平来解决思想上的困惑与不解。

我国自新中国成立后开始进行思想政治教育，高等学校思想政治教育源于社会实践的理论思想，在此基础上，教育者不断地进行归纳总结，之后得出精华结论，并用社会发展中出现的新元素对原来的思想政治教育进行补充与完善。在理论课程中，符合中国国情和顺应社会历史发展的思想政治教育有很多内容和方法是经过长期的经验积累得来的。

大学生思想政治教育借鉴过去的一些思想政治教育的有效方法和手段，将社会发展和学生思想动态发展联系起来，在这些经验积累的基础之上更进一步发展，完善大学生思想政治教育，保证思想政治教育的先进性和导向性，随着改革开放的不断深入，马克思主义在我国受到思想多元化、文化多元化的影响，产生了一些波动，在社会呈现出一种朝着多元化发展的态势的过程中，我们要确保主流思想的地位，才能使社会更加富有创造力，再以一种开放的、积极的心态朝着世界多元化的方向发展。就好像一棵大树只有深深扎根泥土，盘踞在土里才能够茁壮成长，使树干粗壮、枝繁叶茂。同样，思想政治教育也是如此，这些教育思想发展的根本是要坚持马克思主义思想的学习，但是高校在着重培养大学生的政治素养的同时，应鼓励大学生群体在思想多元化的过程中发展自主创新能力。

　　大学生思想政治教育体系要想具有强大的生命力，需要在不同时期的国情和社会背景下不断改进大学生思想政治教育，使其不断提高、趋于完美，这些都需要一个开放的、不断向前发展的教育体系。只有这样，思想政治教育才能随着时间的推移而不断发展、前进，才能更加有效地对大学生思想起到影响作用，使其不断地开拓创新。大学生思想政治教育科学的教育体系，是不断地从社会发展中总结宝贵的经验教训，归纳总结出的思想政治教育的规律和特征具有一定的科学性。大学生思想政治教育根据具体的实践情况，依靠借鉴并总结经验，对思想政治教育的方式、方法进行不断调整，直到适合大学生教育为止。高校的教育环境只有真正使大学生自由全面地发展，才能较好地完成给国家输送高质量、高素质的人才的任务。

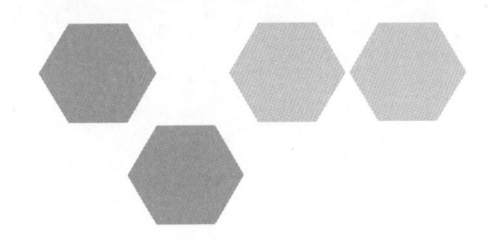

第三章 新媒体时代高校思想政治教育对大学生的影响

第一节 新媒体给大学生思想政治教育带来的机遇

新媒体作为当代最具有革命性的科技成果之一，以一种全新的信息传播方式加速了思想政治教育的知识传播，更好地满足了思想政治教育者和受教育者之间双向互动的需要，不断地推动着思想政治教育的发展完善；新媒体也使大学生思想政治教育面临着严峻的挑战，新时期大学生思想政治教育创新势在必行。

一、新媒体的开放性促进了思想政治教育资源的共享

新媒体时代各种信息传媒层出不穷，它的超大信息量，使思想政治教育内容丰富而全面，具有更多的客观性和可选择性。同时，新媒体的即时性克服了传统媒体信息传递时效性比较差的缺点，使思想政治教育工作者可以在第一时间内把信息资源通过专门的网站、网页、电子邮件等传递到网络空间，供学生浏览、学习，大大提高了教育和工作的效率。

新媒体的不断发展，使思想政治教育内容的形态从平面化走向立体化，由静态变为动态，从现实走向网络。思想政治教育工作者可以通过面对面的形式，也可以通过手机媒体、电脑网络媒体与大学生进行交流、沟通。大家都处在一个虚拟的世界中，彼此既"熟悉"又"陌生"，无论是发言者还是回复者，大家都是平等的，彼此可以建立联系并互相交流信息、传播信息，使大学生思想政治教育克服传统空洞乏味的缺点，朝着形式多样、生动活泼

的方向发展。

新媒体也扩大了思想政治教育的覆盖面和影响力,使大学生通过新媒体获得广泛的社会信息的同时,也能接受思想政治教育信息,受到思想政治教育的影响,从而不断提高思想道德素质,大大增强思想政治教育的影响力和有效性。

二、新媒体的灵活性创新了思想政治教育的工作手段

传统的思想政治教育过程主要是建立在课堂、书本上,教师充当教育者的角色,教育手段较多地采用摆事实、讲道理的方式,更多地局限于"照本宣科"的讲授方式,教育主体与受教育客体之间只是一种传输与被动接受的模式,使得思想政治教育的空间变得狭窄。新媒体的出现改变了思想政治教育受限的尴尬局面,思想政治教育的理念和内容以新媒体为载体展现在受教育者面前,改变了传统思想政治教育受教育者只是被动地、单一地接受教育主体教育的单一模式,使得一个教育者对应多个受教育对象的新模式成为可能。

在新媒体时代,手机信息、博客、网络论坛等因其灵活、快捷等特点日益成为一种崭新的思想政治教育工作的载体和手段。

对于大学生的思想政治教育,不必按传统方式在规定的时间到规定的场所进行,而是可以通过移动通信网络和电脑互联网等途径来进行。较之传统的思想政治教育,新媒体作为思想政治教育的载体,思想政治教育知识、价值传播手段更为灵活、丰富。网络新媒体运用多媒体方式,将声音、文字、图像、视频、数据等多种通信媒体集合为一体,给受教育者带来了全新的视觉和听觉感受,其所独有的感官刺激功能使得受教育者在愉快的心情中认识和学习思想政治教育的内容,体味思想政治教育的理念,它改变了传统的、单一的听觉感受,使得受教育者的学习积极性明显提高,学习效果更加明显;同时,网络新媒体的多种展现方式能够更好地激发受教育者的想象力和求知欲,调动了受教育者的积极性和自主性,从而使得思想政治教育理念能够更好地渗透到受教育者的内心,通过内化的方式实现受教育者思想质的转化和飞跃。

三、新媒体的交互性改进了思想政治教育的工作方式

新媒体的交互性赋予了思想政治教育平等交流的权利,提供了互动交流

的便利。这种平等互动交流的方式为大学生创设了接受思想政治教育更宽松、更自由、更愉快的学习交流环境，使大学生可以自由地选择自己所要学习的内容或自己想要获取的信息，并且可以及时方便地参与信息的反馈与再创造，使自己教育自己成为常态和可能。在日常的学习和生活中，大学生可能接触不同的价值理念和价值形式，面临无法排解的困惑时，不必因不方便求教于人而独自纠结，可以通过论坛交流、辩论等多种方式展开积极主动的思想交流，在思想交流中实现自我意识的转变，从而形成更加符合社会发展要求的思想观念，在多种思想的碰撞当中树立正确的价值观念，从而能够极大地增强思想政治教育的效果。再者，新媒体以其形式多样、图文并茂、音视一体等特点，使思想政治教育更具直观性和形象性，能让人有身临其境之感，从而激发学生的学习兴趣，最大限度地调动他们获取知识的主动性，也极大地增强了思想政治教育工作的吸引力和感染力。

四、新媒体的虚拟性增强了思想政治教育的可接受性

在思想政治教育工作中，教育者与被教育者之间的信任程度是影响和制约教育效果和教育质量的重要因素。在传统的思想政治教育关系中，教师总是处于"我讲你听、我打你通"的居高临下的位置，这就使大学生往往不愿意向老师讲真话，师生之间缺乏有效沟通与良性互动，导致大学生思想政治教育效率低下。

新媒体作为一种现代化的交流平台，打破了现实世界与虚拟世界之间的界限，从根本上改变了人们的交往方式。角色虚拟使交往者保持着相对平等的心态，平等地利用论坛、QQ、短视频平台等工具，自由地畅谈自己的思想、观点，对自己感兴趣的话题发表真实的建议和看法，赞成什么、反对什么，都可以在网络中表达，畅所欲言。因此，在思想感情传达上，交往者可以直抒胸臆，容易达到交往的较深层面。新媒体条件下教育者与受教育者交流也如此。借助手机短信、博客、论坛等新媒体，能够减少大学生的思想顾虑和心理负担，使其敞开心扉说实话，自由发表意见、观点。因而也带来了双方在人格、权利和地位上平等的感觉，有利于形成一种融洽轻松的氛围，从而消除师生之间的隔阂，增强师生双方的信任程度，使思想政治教育能有良好的教育效果。

同时，在新媒体环境中，角色还可以互换。在网络中选择和吸收各种思想政治教育信息时，参与者是以受教育者的身份出现的，而在参与网络各种信息的制作、发布等网络实践活动中，将自己的思想、观点、看法及信息传播出去时参与者又成为教育者。这非常有利于教育者从中了解大学生的真实想法，从而使思想政治教育工作做到有的放矢，也有利于对相关问题进行较为深入的探讨，增强思想政治教育的实效性。

五、新媒体技术的综合运用提高了大学生思想政治教育的时效性

检验思想政治教育是否有效以及效果的大小，其主要依据就是思想政治教育目的和意图实现程度。而要想取得思想政治教育的最佳效果，内化是关键。新媒体技术的综合运用，为思想政治教育的创新和促进大学生思想政治教育的内化提供了新的契机。一是网络丰富的共享信息，为开展思想政治教育提供了充足的资源。二是网络传输的快捷性和交往的隐匿性，有助于迅速、准确地了解受教育者的思想情绪和他们所关注的热点问题，从而加强思想政治教育的针对性。三是网络主体的平等性和交往的互动性，有助于实现受教育者主动参与对话交流，有助于把教育转化为受教育者的自我教育，从而提升思想政治教育的实效性。四是网络传输的超时空性，扩大了思想政治教育的覆盖面，促进了思想政治教育的社会化。

另外，新媒体的开放性和超时空性，有助于大学生多元化观念和全球意识的养成；新媒体网络交往的自由性和平等性，有助于增强大学生的民主意识和权利意识；网络信息传输和更新的快捷性，有助于增强大学生的效率观念、竞争意识、创新意识；网络空间的匿名性，在减少外在约束机制的同时，也有助于大学生道德自主意识的提升。由此可见，综合运用新媒体技术，对于培养大学生的独立性、自主性、创造性等主体性品质，实现思想政治教育的最佳效果具有积极的促进作用。

第二节 新媒体给大学生思想政治教育带来的新挑战

一、信息传播的"无屏障性"使大学生思想政治教育内容受到挑战

（一）思想政治教育主旋律受到冲击

培养有理想、有道德、有文化、有纪律的社会主义事业的建设者和接班人，是大学生思想政治教育的神圣职责和光荣使命。当前大学生思想政治教育的内容主要包括世界观、人生观、价值观以及社会主义政治、道德与法制观念的教育。新媒体在拓展了大学生知识学习、知识选择空间的同时，也对高校思想政治工作的主旋律教育提出了前所未有的挑战。

传统的思想政治教育主要是通过宣讲、谈心，以及报纸、广播、电视等大众媒体来进行的，这些方式的一个重要特点是可控性。教育者可以根据教学目标选择相应的教育材料向被教育者讲授特定的教育内容，促进被教育者思想的转变、行为的落实，促成教育目标的最终实现。在新媒体时代下，信息的传播途径日益增多，在网络中人们可以随时随地上传信息、发表看法，使用起来简单，传播速度快捷。不同地区、不同意识形态、不同年龄、不同职业、不同阅历的人可以同时在线匿名交流，这就使网上的交往环境变得相当复杂。不仅一些落后的、腐朽的思想和文化及违反社会公德的各种信息泛滥，甚至各种反马克思主义、反社会主义的论调也利用新媒体的途径大肆传播。而在现阶段针对新媒体中信息的控制和过滤技术又相对滞后，相关的法律法规尚未健全，对新媒体中信息传播内容的控制难度很大，这就导致不同思想观念、政治观点、价值观的广泛流行。这对正处在世界观、人生观和价值观形成的重要阶段的大学生来说，还不能完全有效地对大量网络信息进行甄别处理，容易不同程度地受到西方发达国家资产阶级意识形态、价值观念和生活方式的影响，有些大学生对共产主义理想、社会主义信念、集体主义原则出现了动摇，这些都给大学生思想政治教育工作者敲响了警钟。

（二）违反社会道德的信息泛滥

新媒体的开放性使其所容信息庞杂多样，既有大量进步、健康、有益的

信息，也有不良、迷信甚至反动的内容。毫无疑问，这些垃圾信息形成的负面影响极不利于青年大学生的健康成长。新媒体环境下不良文化的泛滥影响着大学生思想政治教育的效果，影响着大学生的身心健康。

网络传播的门槛较低，每个人都可以成为信息的发布者，因此信息的质量良莠不齐，存在大量虚假信息，让人难辨真伪。网络信息的庞大令审查困难重重，一些网站为了获得高点击率而成为非法信息的传播者。垃圾信息成为伴随新媒体产生的一种营销手段，广告商未经许可所发送的大量垃圾邮件、垃圾信息，干扰了用户的正常生活。新媒体传播速度快、范围广的特征，给诈骗信息可乘之机，利用互联网实施诈骗行为屡见不鲜。诈骗者利用网络技术和多媒体技术制作电子信息进行诈骗。

网络谣言危害严重。在网络中，总会有一些别有用心的人凭空捏造包括文字、视频、图片等多种形式信息谣言，妄图利用网民的亢奋情绪和巨大能量来达到某种特定的目的。

新媒体中大量不良颠覆我们主流价值观念的内容及对奢华享受的生活方式的过分鼓吹等负面宣传严重干扰了大学生的价值判断,使自身辨别力不强,世界观、价值观尚未完全成熟又缺乏生活阅历的青年大学生陷入选择的困境，表现出理想信念的迷失,社会道德意识的缺失，法律意识的淡漠，看重金钱利益忽视个人诚信，而且庞杂的信息内容也使通过思想政治教育传达给学生的主流价值观在学生头脑中扎根生长变得困难，降低了大学生思想政治教育对大学生思想的影响作用，不利于大学生思想政治教育目标的顺利实现。

二、新媒体的传播特点对思想政治教育模式提出挑战

（一）新媒体的发展使高校大学生思想政治教育环境趋于复杂

在信息科技不发达的情况下，学生们能够接触到的信息载体主要是报纸、电视、广播，而且政府和学校对这些载体传递的信息内容可以进行过滤，主动权掌握在思想政治工作者手中，可以坚持党性原则，坚持社会效益为首而将不正确的观点、不恰当的信息祛除，以保证弘扬社会主义主旋律教育。在新媒体环境下，大学生受教育的空间广泛、自由，而新媒体的开放性特征使各种非主流声音，各种政治的、社会的谣言甚至危害国家安全的信息从网上

到网下到处流传，给大学生群体造成十分消极的影响。在这种情况下，高校必须充分发挥党和政府在思想政治教育方面的领导作用，站在"培养什么人、如何培养人"这一事关社会主义事业发展的根本问题的高度，充分认识争夺互联网阵地的艰巨性和重要意义，要采取有效措施，有针对性地、以足够的主流网络信息占领网络空间，最大限度地减少非主流信息，引导大学生树立正确的世界观、人生观、价值观、道德观，增强抵制腐蚀思想的能力，确保大学生思想政治教育的实效性。

（二）新媒体的发展对大学生思想政治教育的过程提出新要求

通过新媒体，大学生可以接触到各种各样的信息，包括各门类学科知识、时事报道、奇闻逸事、思想言论等。新媒体信息的传播跨越了时空的限制，通过传媒技术把世界各地的人们联系在了一起。各种不同意识形态、政治制度、文化背景下的思想观点混合在一起，极易导致世界观、人生观尚未完全成熟的大学生在面对新媒体中多元化的思想观念进行价值判断时，产生各种困惑。大学生在遇到社会上各种疑难问题时，急切需要得到能够令人信服的答案，解开他们思想上的种种疑问。但是，当学生日益通过新媒体来表达思想状况、心理需求时，就给教育者的工作带来极大难度。新媒体环境下，由于大多数人都通过各自的代号而非自己的真实姓名上网，教师无法知道究竟是谁在发表意见，不清楚学生正在关注什么、遇到了什么难题、思考些什么、想知道什么，因而大学生思想政治教育工作就难以做到切实地从学生的心理需求出发，有针对性地解决学生实际遇到的问题，甚至有时非但达不到理想的教育效果，还会引起学生的逆反情绪，产生负面效果。虽然，当前许多高校都建立了自己的校园内部网站，开辟了思想政治教育专栏，但由于内容比较单一，形式缺乏灵活性，语言缺少生动性，缺乏对大学生实际心理需求的针对性研究，吸引力不强，而且对网站的管理与维护又相对滞后，网页更新速度慢，所以目前大学生对此类网站的访问量不大，效果欠佳。

（三）新媒体的发展使大学生思想政治教育方法面临挑战

传统的思想政治教育，使用较多的是摆事实、讲道理的教育方法。思想政治教育者通过课堂宣讲、个别谈心等面对面的方式，对受教育者动之以情、晓之以理,促使其提高思想认识、解决问题。这种方式的针对性强,反馈及时,有一定的优越性。但是,在新媒体时代,思想政治教育方法面临着新情况:一方面,讲课、谈心这种必须在合适的地点、时间进行的教育方式,在新媒体环境下,学生受教育的空间广泛,比较自由,能否取得理想的教育效果。另一方面,教育的效果取决于教育者的现场发挥,教育者一般在精心准备授课的情况下,持续保持良好的授课状态也很不容易,作为受教育者在现场很容易受到老师的感染,现场教育的效果很好,若是在新媒体环境下,脱离了现场教育的环境氛围,教育的感染力如何保证。面对新媒体信息传播的互动性、个性化、多元化、多样化等特点,创新出大学生喜闻乐见的思想政治教育的方式,显得越来越紧迫。

三、新媒体时代对大学生思想政治教育工作者的权威性提出挑战

(一)新媒体时代对思想政治教育工作者的信息优势地位提出了挑战

在传统大学生思想政治教育工作当中,思想政治教育工作者既具有理论上的优势,又具有丰富的历史人文社会知识上的优势,加上多年知识信息的累积和对传统媒介的熟悉,具有绝对的主体掌控地位。思想政治教育者不仅"掌控"着思想政治教育的内容,而且"掌控"着思想政治教育的整个实施过程。在教育过程中,可以及时把握社会政治、经济和文化动态,并将之与思想理论教育相结合,使教育形式更加丰富,内容更加充实,同时充分展示个人的教育魅力,从而增强了思想政治教育的吸引力。

在新媒体时代,这种格局开始被打破。大学生作为新媒体使用的主力军,对各种社会现象非常敏感,他们借助新媒体可以便捷迅速地寻找和吸收自己需要的信息,完全绕过了大学生思想政治教育主体这一传播思想政治教育理念的根本媒介,久而久之,大学生思想政治教育工作者的教育主体和教育主导者的地位受到了"撼动"。受教育者和教育者的地位由隶属关系变成相互学习相互促进的平等关系。从而改变了受教育者自身在传统教育中知识信息劣势的格局。这无疑对传统思想政治教育工作者的主体地位提出了严峻的挑战。

(二)新媒体时代对思想政治教育工作者的知识结构提出了挑战

新媒体技术的出现,对大学生思想政治教育工作者的知识结构提出了挑

战。新媒体打破了知识传授单向的传输模式，信息的多向性为大学生提供了较多的选择空间，学生的自主学习能力得到加强，有时候甚至会出现教育者所接受的信息迟于或少于被教育者的现象。在新媒体所构建的平等的交互性的平台上，大学生的主体意识会被极大地调动起来，影响并改变着他们的认知方式和接受方式。由于获取信息的渠道更宽，接触不同观点的机会更多，大学生不再像以前那样被动地接受教育者的灌输和安排。他们用自己的是非观、判断力，选择自己认为正确的观点，主动获取知识的同时要求与教师平等对话，这既反映出教育的进步，同时也对教育者的知识掌握提出了更高的要求。思想政治工作者只有学会科学评估和研究互联网络对大学生思想政治工作所产生的全方位影响，不断加强网络知识和技能的学习，提高与学生网络沟通的能力，才能真正成为大学生健康成长的指导者和引路人。

（三）新媒体时代对思想政治教育工作者的素质提出了挑战

在思想政治教育过程中，思想政治教育工作者的素质包括思想素质、政治素质、文化素质等多方面的素质。通过提高思想政治教育者的相关素质可以有效地提高思想政治教育工作者的人格魅力以及对受教育者的吸引力，进而使得受教育者能够心悦诚服地"追随"思想政治教育工作者的脚步，根据教育工作者传授的理念和内容形成符合社会发展的思想观念和行为方式。新媒体条件下，随着网络信息技术异乎寻常地迅猛发展，大多数思想政治教育内容和理念通过网络这个新媒介以不同的方式展现出来，极大吸引了大学生的眼球。相比于思想政治教育工作者的谆谆教诲，大学生则更喜欢通过网络来了解和吸收自己所需要的知识。要通过网络引导的方式来指导大学生正确探寻所需停息，大学生思想政治教育工作者除了要具备政治、文化等基本素质之外，还要首基本的网络素质以及筛选信息的能力，这就给大学生思想政治教育工作者的素质提出了更高的要求。建设一支具有较高思想道德素质、政治理论水平、良好的心理品质和一定的创新能力，熟悉网络、能熟练地操作多媒体的、高素质的思想政治教育工作队伍是新媒体时代下解决大学生思想政治教育困境的必由之路。

第三节 新媒体时代大学生思想政治教育创新应坚持的原则

一、内容多元与思想主导相结合的原则

内容多元是指内容的多样性、丰富性,思想主导是指某种主思想在社会中占据主导性地位。主导性是相对于多样性而言,主导性即主流性和指向性,也就是诸种事物和现象的关系中,其中有一种事物或现象居于主导地位,对于其他事物或现象起着指导、引导、领导、统领的作用,规定着其他事物或现象的性质和发展方向,进而也就规定着所有事物或现象构成的整体系统的性质和走向。内容多元就是在思想主导的基础上存在与发展的,受到主导思想的引领。把两者相结合的原则概括起来就是要处理好"一"与"多"、"主"与"次"的关系。

内容多元与思想主导相结合的原则是由世界文化发展的多样性和主导思想的一元性所决定的。正如世界上没有两片完全相同的树叶,不同地域、民族、国家的文化也不可能是完全一样的,必然存在着差异,即使同一个国家也会存在着不同的思想观点、价值观、生活观等,因此,大学生思想政治教育创新的环境中必然离不开多元的文化。同样,一棵大树无论多么枝繁叶茂都不能脱离树根而独立存在,一个社会中必然会有某种思想占据着主导地位,指导统领着其他思想的存在与发展。树的枝叶离不开滋养它们的树根,根离开了枝叶就不能成为一棵真正的大树,人类文明的多样性离'不开主导思想的支撑,主导思想也离不开多样文明的补充。所以,大学生思想政治教育创新要坚持内容多元与思想主导相结合的原则。

适应新媒体时代信息内容多元化的特点,高校应在既坚持弘扬主流文化又倡导文化的多元化的基础上积极地进行思想政治教育创新。高校要一如既往地传播社会主导思想,弘扬我国先进的文化成果,传递社会主流价值观;同时,也要主动地吸收借鉴国内外的优秀文化思想,包括思想观点、道德观念、生活态度、价值观等。

二、数字技术与人文关怀相结合的原则

数字技术,是一项与电子计算机相伴相生的科学技术,它是指借助一定的设备将各种信息,包括:图、文、声、像等,转化为电子计算机能识别的二进制数字"0"和"1"后进行运算、加工、存储、传送、传播、还原的技术。也称为计算机数字技术等。伴随着数字时代的到来,数字技术越来越深入地影响到了人类社会生活中的方方面面,改变了大学生的思想和行为方式。数字技术提供的信息具有开放性、多元性、平等性和共享性的特点为大学生开辟了一条简单快捷地获取信息的方式,为大学生广泛、平等地参与社会生活提供了广阔的平台,充实了大学生的业余文化生活,增强了大学生的主体意识。在数字虚拟空间中,个人不再被淹没于普遍性中,其自我意识、自由意志的表达获得了前所未有的条件,这为丰富的人性提供了充分的释放空间。大学生在数字技术环境中可以暂时抛开社会现实的束缚,根据自己的意愿充分表达个人的见解和看法,抒发自己内心的真情实感。数字技术的出现对人类的文化传播和生活方式是一次重大的改变。它以超大容量、超宽领域、高度自主选择性打破了传统文化传播方式的局限性,以综合的、全面的社会服务功能给人们提供了一个自由的、互动的交往空间和生活空间。同时,使大学生的生活方式发生了巨大的变化,大学生的个性和发展潜能有了"张扬"和展现的平台,这就有利于他们的学习、生活与交往,有利于他们的成长成才,有利于他们人生自我价值的实现。

人文关怀的核心在于肯定人性和人的价值,要求人的个性解放和自由平等,尊重人的理性思考,关怀人的精神生活等。在思想政治工作视野中,人文关怀是指尊重人的主体地位和个性差异,关心人丰富多样的个体需求,激发人的主动性、积极性、创造性,促进人的自由全面发展。人文关怀是对人的生存和发展的关注,对人的尊严和符合人性的生活条件的重视,对人的解放、自由和幸福的追求。它既是一种理性的关怀,又是一种情感的关怀;既是一种物质的关怀,又是一种精神的关怀;既是一种宽泛的关怀,又是一种具体的关怀。人文关怀对大学生的身心健康成长具有重要的意义。

数字技术与人文关怀相结合的原则就是要求思想政治工作者在进行思想

政治教育时，既要积极主动地运用数字技术，充分发挥数字技术的优势，让数字技术为政治理论课的教学服务好，又要在使用的过程中从学生的根本需求出发，处处体现对学生的人文关怀，做到以情动人，以理服人，以诚感人。所以，运用新媒体进行思想政治教育的过程中要对大学生投入人文关怀，坚持以学生为本，注重教育学生在使用数字技术的同时要与之把握适当的度。在科技发展的任何时代，"高技术、高人文"应该是人们追求的理想目标。我们应通过思想政治教育帮助大学生明确现实世界和虚拟世界的相互关系，在虚拟和现实之间保持一种必要的张力。倡导人与人及数字与人的"亲近"方式，对大学生进行网上心理健康教育，帮助解决大学生因迷恋网络而带来的种种问题，培养大学生健全的人格。

数字技术与人文关怀相结合的原则是满足大学生多样化的情感需求的需要。新媒体环境下成长起来的大学生已经不像以前那样缺乏个性，而是思想表现出多元化，自我主体、民主意识很强，看重自我与价值的实现，喜欢自主地进行选择，不喜欢被动地接受事物，喜欢平等地对话与交流，希望建立一种民主、和谐、互动良好的师生关系。高校思想政治工作者在利用新媒体进行思想政治教育创新时，应把坚持从人文关怀的角度出发作为一项重要的原则，在工作中要充分遵循学生身心发展的客观规律，全面考虑学生的心理情绪特，尊重学生的理解和接受能力，重视与学生之间的有效沟通，体会他们的内心感受，走入他们的情感世界，拉近与学生之间的心理距离。关心学生的疾苦，对学生出现的问题要做到对其进行及时高效的疏通与引导，尽量把学生的问题消灭在萌芽状态。把是否满足学生的情感需求作为衡量思想政治教育创新成果大小的一个重要指标，不断增强数字技术的育人功能。

数字技术与人文关怀相结合的原则要求思想政治工作者在利用数字技术进行思想政治教育的过程中要处处体现对学生的人文关怀，要以学生的需求为出发点关注学生的成长，要结合大学'生的思想特点选择教学方法，教育的过程中要突出学生的主体性，充分调动学生学习的积极性，引导大学生主动地去理解社会主义国家的性质、社会主义的本质，加深对社会主义改革开放成果的体会，加强对社会道德、法制的学习与遵守，使这些内容能够真正地深入大学生的内心深处。注重培养学生的健康人格，全面提高大学生的综合素质。思想政治教育者在对大学生倾注人文关怀的同时，还要重视对网络思想政治教育相关软件的研制与开发，增强思想政治教育的吸引力、亲和力。设计具有时代特点的，富含感染力、知识性、趣味性的思想政治教育软件，制作思想政治教育的电子课本，将静态的、刻板的文字教材转变成动态的、鲜活的多媒体软件，吸引大学生的注意力，更好地实现思想政治工作的预期目标。同时，教育工作者自身还要加强对数字技术相关知识内容的学习，熟悉计算机的操作流程。

三、积极防范与主动教育相结合的原则

自从新媒体走进我们的生活之后，它的负面影响就是一直存在的，因为任何事物都不是完美无瑕的，都有其两面性。新媒体也是一把"双刃剑，面对新媒体给思想政治教育带来的负面影响，高校要高度重视，积极防范，真正做到防患于未然。但是，不能因惧怕新媒体而采取消极甚至逃避的态度，应当积极发展，主动运用，趋利避害。

积极防范与主动教育相结合的原则是由新媒体自身的两面性所决定的。新媒体的开放性、便捷性和内容的多样性、生动性能为大学生思想政治教育提供大量的素材、多样化的教育手段、灵活感性的教育形式，为大学生提供了一个宽广、自由、轻松的学习平台，拓宽了大学生的知识来源途径，有助于开阔大学生的视野、丰富大学生的信息储备、激发大学生的创新潜能。但同时，由于我国目前正处在经济全球化、信息多元化、文化多样化的社会转型期，利益主体多元化，各种价值观、思想观点、信仰、社会思潮相互并存，其中就包括很多非主流、虚假、与中华民族传统道德相悖的内容，新媒体作为传播这些信息的主要载体就不可避免地要对大学生的思想产生一定的消极影响。所以，我们在运用新媒体进行思想政治教育的同时，还要做到对其负面效应的积极防范，最大限度地发挥其正面有利的作用。

积极防范与主动教育相结合的原则要求高校不断加强对校园网的依法管理，健全对信息的监管体系，严把校园网的信息选择关，完善互联网道德约束机制，构筑安全防线。同时，下大力气去开辟积极向上的局域、校园网站，

把更多先进的思想上传到网络上去。要主动用积极、正确、先进的文化成果占领校园网络阵地，上传更多的关于党的路线、方针、政策，社会主义经济、文化建设成果的宣传内容，弘扬主旋律，加大正面教育的研究力度，打造富有校园特色的、健康的、纯净的、有序的优秀内部网站，坚决反对不正确的舆论与观点，针对外来的西方资产阶级的反动思想，要敢于批判和斗争，抵制有害腐朽思想对大学生头脑的侵蚀。高校要加大对校园网络建设的投入力度，不仅要增加对购买网络相应配套设施的财力支出，还要大力培养校园网站建设管理人员、软件开发人员、精通网络的高素质的教师使用队伍，为主动利用新媒体进行思想政治教育提供物质保障。

积极防范与主动教育相结合的原则要求高校做好对大学生的媒介素养教育和网络服务工作。首先，在日常的教学过程中高校要注意通过循循善诱的说服教育，引导大学生去充分认识新媒体的两面性，增强法律意识，帮助大学生对新媒体中的各类信息进行甄别分析，选择出正确且有价值的内容并能够恰当地使用它们。高校要利用网络教育的优势大力开展网络道德教育，规范大学生的网上行为，倡导和弘扬有利于大学生成长成才的思想文化成果，用社会主义先进文化占领新媒体阵地，在高校校园形成健康的媒体文化氛围，把大学生的思想引导到正确的方向上。其次，要不断增强校园网站的服务功能，构建完善的网上服务系统，发布更多有利于大学生学习知识、就业、创业的信息并能及时地对大学生产生的疑问进行答疑解惑，促进大学生的健康全面发展。

总之，新媒体的诞生与发展为大学生思想政治教育注入了生机与活力，为思想政治教育提供了一个不同于以往的育人新环境、教学新领域。因此，我们必须进一步转变观念，抓住机遇，主动创新，在思想政治教育创新的过程中坚持积极防范与主动教育相结合的原则，既充分利用新媒依又加强对其负面影响的防范与减轻，发挥新媒体教育的优势，切实增加大学生思想政治教育创新的成果。

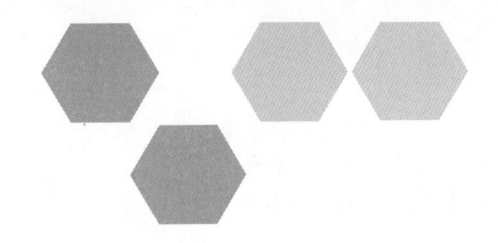

第四章 新媒体时代高校思想政治教育的媒介影响

第一节 新媒体对高校思想政治教育环境的影响

一、社会环境

新媒体技术对社会变迁的影响主要表现在两个方面：一是基于信息技术而形成新型社会形态，也即网络化社会；二是由互联网架构网络空间或虚拟世界，也称虚拟社会或赛博社会。基于新媒体时代的社会环境，高校思想政治教育主要发生了以下变化。

（一）社会空间"无屏障"

在新媒体环境下，由于媒体接近权的实现，不仅使人的感知范围和能力空前地提升，更使个体的传播能力和沟通能力得到加强。人们对世界的认识不再依赖单一、单向的信息来源，往往是在多信道中通过沟通和辨别来完成。在如此社会环境下，高校思想政治教育由原来的"点对面"的"封闭式"的单向传播得以改变、新媒体的即时互动性不仅使信息传播"时间无屏障""资讯无屏障"，更重要的是使得社会空间变得"无屏障"。如今人们利用新媒体已经做到了随时随地与人对话、交流，在有关站点公开发表自己对有关事物的意见和建议，有时还展现出更强大的舆论力量。高校思想政治教育工作者的作用日趋减弱，呈现出传播内容的极大开放性，受众的主体地位得到极大地彰显和提升。与此同时，给信息的真伪性的甄别带来很大困难，使得大学生容易受到虚假信息及不良信息的误导，也给大学生思想教育工作带来困难。

（二）社会舆论同化迹象严重

新媒体技术所带来的是传播内容全球化，意识形态全球化，但是，这种全球化并非双向，而是单向的。在如此单向传播的社会环境下，媒体舆论的格局发生了重大变化，即中心与边缘是否对称的，在海量信息特别是重大问题如国际相关事务问题面前，大学生的观点或价值取向，往往是相似的甚至是舆论同化的，这种状况给高校思想政治教育带来了空前的难度。

（三）社会负面信息呈膨胀趋势

新媒体作为当代社会的一个开放系统，一方面它扩展了大学生获取信息的渠道，使大学生接触的信息面更宽，接触到的不同观点更多，获取的信息就可能太多太滥；另一方面，海量信息，鱼龙混杂，使得高校思想政治教育的环境变得更加复杂化首先是多元的大众传媒形态，超时空、数字化的虚拟世界，光怪陆离、泥沙俱下的传媒信息，对于世界观、人生观和价值观正在形成之中的青年大学生来说，容易分辨不清，不可避免地带来诸多负面影响。其次是新媒体所具有的高技术与生俱来的渗透性，是一个不以人的意志为转移的客观存在。

二、文化环境

（一）文化环境的变革

1. 网络语言盛行

新媒体的发展，带来了新型的思想交流方式，改变了人们的行为习惯和表达方式。网络发展促进了一种独特的话语体系的产生。网络语言是当今高校文化环境的一个极为重要的特征。网络语言是伴随着新媒体的发展而新兴的一种有别于传统平面媒介的语言形式，它以简洁生动的形式，一诞生就得到了大学生们的偏爱，发展神速。

2. 文化消费呈多维性和选择性

文化消费是一种直接影响人的精神、思想、心理、情感以及价值观、人生观的为人类所特有的社会文化现象。新媒体扩大了文化消费的内涵。随着信息产业的发展，媒体消费不单是一种文化产品载体，或者一种文化消费品，媒体消费已经融入人们的日常生活，逐步成为一种消费习惯和消费行为，当以电视为核心媒体的消费文化，利用难以计数的符号和形象流动生产出无休止的现实模拟的时候，消费者往往失去对现实的把握，人们在消费过程中逐步地迷失于"符号"的海洋里，20世纪末21世纪初，当以互联网为核心媒体的信息消费，利用便捷的信息传播通道和手段将信息传播的时空差别降低到最低，生活在如此文化环境中的大学生，媒体消费已成为他们日常生活中的一种基本消费，投入时间和资金在信息的获取上已经成为一种基本的、习惯性的消费，与以往的文化消费不同，新媒体文化消费呈现出新的特点：个性化特征更加明显，受众的自主选择性能够更加充分地发挥；互动性加强，信息传递从单向走向双向、多向互动交流；受众参与性增强，将受众从被动的接受者变成主动的参与者；更加便捷的新媒体扭转了文化消费的时空限制，文化消费可以更多地通过新媒体随时、随地发生；异地形象可视的文化消费活动、异域文化产品资源共享、远程文化消费操控等新的行为模式，成为新兴媒体引领的文化消费亮点。

3. 青年亚文化已成为高校文化环境的重要形态

在高校文化环境中，青年亚文化的存在一直与主流文化是相互伴生的。新媒体为青年亚文化提供了成长的温床，同时也促成了一种新的文化形态，即新媒体环境下青年亚文化。这种亚文化有别于传统的表达方式，大学生群体在张扬个性、宣泄情绪的同时，尤其显示出一种对主流文化、精英文化的抵抗和解构。近几年来，在高校流行的网络游戏、网络文学、网络音乐、网络恶搞和网络事件等形式，已成为高校大学生所追求的与主流文化、精英文化有偏离性差异价值观的生存方式。

网络游戏：又称"在线游戏"，简称"网游"。指以互联网为传输媒介，以游戏运营商服务器和用户计算机为处理终端，以游戏客户端软件为信息交互窗口的，旨在实现娱乐、休闲、交流和取得虚拟成就的，具有可持续性的个体性多人在线游戏。大学生亚文化群体借助于这种游戏形式，既舒缓了压力、表达了个性，同时也使他们对现实社会的挫败感和失落感都在网络游戏过程中得到了发泄。

网络文学：指新近产生的，以互联网为展示平台和传播媒介的，借助超文本链接和多媒体演绎等手段来表现的文学作品、类文学文本及含有一部分文学成分的网络艺术品。网络文学与青年亚文化存在着内在的姻亲关系。由于借助强大的网络媒介，网络文学具有多样性、互动性和巨大的自由性，因而成为大学生亚文化群体表达思想和情感的最便捷的工具，成为青年亚文化的一个表达空间。

网络音乐：是指通过互联网、移动通信网等各种有线和无线方式传播的音乐作品，其主要特点是形成了数字化的音乐产品制作、传播和消费模式。网络音乐主要由两个部分组成：一是通过电信互联网提供在电脑终端下载或者播放的互联网在线音乐；二是无线网络运营商通过无线增值服务提供在手机终端播放的无线音乐，又被称为移动音乐"网络音乐既能够表现大学生亚文化群体对自我思想的表达和对社会现实的讽刺与揭露，同时也能够充分体现他们对人生、社会、爱情、生活等方面的追求与理想，因而成为大学生亚文化的一种强有力的表达方式。

网络恶搞：是一种借助新媒体，为建立集体认同而采用符号的新风格化方式来挑战现实社会的手段。

网络事件：是指通过网络或其他技术手段，利用信息系统的配置缺陷、协议缺陷、程序缺陷或使用暴力攻击对信息系统实施攻击，并造成信息系统异常或对信息系统当前运行造成潜在危害的信息安全事件。大学生亚文化群体十分关注网络事件，往往通过对事件的分析来表达自己的看法，他们对网络事件的表达本身就隐喻着青年亚文化的价值观。

新媒体时代青年亚文化对社会文化的发展有着独特的文化价值和社会价值。就文化价值来说，青年亚文化促成了文化传播方式的改变，从"单向"向"互动式"方向发展，充分体现了尊重文化自由平等地表达权利，使"个性文化"成为流行的主题，引领着社会文化朝着探寻真实的生命体验出发。就社会价值来说，青年亚文化已成为青年群体特有的生活态度和生活方式的依托，它不仅有利于从意识想象层面解决代际冲突，而且逐渐从虚拟空间开始影响到现实的社会生活，从社会交往方式的发展来看，青年亚文化作为一种新的生活方式，它打破了传统的社会交往模式，极大地丰富了社会生活交往的内容，预示着新的社会交往模式的发展。

（二）文化环境的负面影响

1. 高校思想政治教育失去了文化辅助

长期以来，高校思想政治教育一直是由主流文化、精英文化辅助的，因而使得思想政治教育工作能够得以延续现在高校的文化环境已经发生了重大变化，在网络语言、亚文化氛围之中，传统的思想政治教育失去文化辅助已成必然。新媒体时代高校思想政治教育的有效开展，离不开与之相伴的文化辅助，否则就会使教育演变成单纯说教，失去知识性和趣味性，影响思想政治教育的效果，难以实现社会道德的有效传递。

2. 高校思想政治教育工作者的权威丧失

在新媒体时代，文化环境在很大程度上调整了"受教育者"与"施教育者"的关系，教育者与受教育者之间的地位是平等的，教育者可以把正确的世界观、人生观、价值观有机地融入网络的各种形式当中，但是不能强迫受教育者接受某种思想观点。按照以往传统的知识传承习惯，青少年一代在成长过程中所获取的知识和信息，主要是从他们的父母、老师那里获取的，父母和老师的知识权威形象是不可动摇的，新媒体时代开始动摇了这一传统的知识传承习惯随着新媒体文化技术含量急剧增加，技术文化已经超越传统人文文化而成社会文化存在的主要支撑，这便使富有创新且易于接受新事物的年轻一代成为新文化的拥有者，也就是说，他们能够从父母、老师以外获取更多的知识和信息，这是他们在与父母、老师的互动中获得"反哺"能力或"话语权力"的最重要途径。这种文化反哺现象，既是一种文化加速度发展的表现，同时也是一种代际之间道德传递发生阻碍的必然。由于青年一代在构建其道德观中主体性强盛而继承性不足，因而严重影响了传统道德文化的整体传承。

3. 社会道德标准被游戏化了

新媒体时代，高校的文化环境所发生的异化现象还体现在：校园的一切事物似乎都可以被娱乐化、轻松化、戏剧化，社会道德也不例外。比如，现在一些大学生遇到亟待救助的事件时，往往抱着"事不关己，高高挂起"的消极心理，甚至有的人还会在网络上加以嘲笑，有无道德的信守似乎无关紧要；对待我们社会倡导的"雷锋精神"和多年教育中本已接受的价值理念，更是成为大学生调侃的话资。社会道德标准被游戏化，社会道德陷入价值观念尚未确立就遭消解的窘境。面对如此文化环境，关注和重建社会道德责任感，重塑社会公德和民众私德，使中华民族道德的优良传统薪火传人，已成为新媒体时代高校思想政治教育急需解决的问题。

三、技术环境

（一）高校思想政治教育的技术环境的变化

1. 信息传播海量化

一般来说，传统媒体信息量小、信息面向窄、信息途径相对单一，而新媒体依托高科技形成了一个覆盖面广泛、涉及领域全面的网状体系，不仅承载、传播了巨大信息量，而且信息更新的速度远远超过传统媒体。在新媒体时代，只要教育者掌握相应的互联网、手机短信、飞信等新媒体终端的应用知识，就可以自由地获取大量的信息资源。一般认为，动态更新的消息、数字资源极为丰富的数据库，是新媒体传播最有价值的两种海量信息。比如，像搜狐、新浪等门户网站每天24小时可以滚动上万条消息，可以做到重大事件即时报道出来。比如，登录中国知网搜索，可以查看各行各业的知识与情报。网络上海量的信息为教育者提供了极为丰富的知识资源，使教育者足不出户就可了解自己所研究领域最新的知识，也为自己获得相关材料进行备课、教学提供了方便。信息传播海量化的技术环境，使高校思想政治教育实现了根本性跨越和对传统思想政治教育环境的彻底颠覆：大学生可以凭借新媒体随时随地获取所需的知识和信息，极大地提高了思想政治教育信息的传播效率；高校思想政治教育工作者借助新媒体技术，可以以声音、文字、图像等丰富多彩的表现形式，生动地表达思想政治教育内容，并在最短的时间内快速地将思想政治教育信息传达给受教育者，而且不需要受到制度、体制和其他烦琐程序的制约，从而增强了思想政治教育的及时性和辐射力，进一步拓展了思想政治教育空间。

2. 人际关系虚拟化

新媒体时代，由于新媒体技术的广泛运用，现实生活中的每一个人既可以成为一个传播载体或是消息源，也可以成为一个受众，传者和受众的角色大多是虚拟的，信息交流的对方均由未知的符号代替，因而使得新媒体信息变得复杂多变，人际关系极具虚拟化。这种虚拟化虽然大大削弱了门户对消息的控制，但对加强高校思想政治教育无疑是个机遇：它有利于大学生将内心深处的孤独、苦闷、迷惘等真实地倾诉出来；有利于教育双方可以通过短信、论坛、网络聊天等形式"毫无顾忌"地进行真实心态的交流，发表自己的意见，真正地实现畅所欲言。高校思想政治教育工作者通过新媒体掌握大学生最真实的想法，针对他们所暴露的一些思想、学习和生活中的问题进行组织讨论，会收到传统思想政治教育方式不可比拟的效果，达到疏通、引导、教育的目的。

3. 教育平台多样化

传统的高校思想政治教育平台主要以课堂教育为主，教育手段也比较单一。新媒体技术为高校思想政治教育工作者塑造了全新的平台，提供了通路上的便利。从传播通道上说，新媒体实现了从单向度、单维度向多角度、多维度转变；从传播内容上说，实现了从静态、单一的形式向动态、多样的形式转变，信息的发布和传递更加自由，信息的接受与运用更加方便，从而彻底打破了传统思想政治教育载体的时空、速度限制，使得信息耗散与反馈失真的弊病得到了克服。在新媒体时代，熟练掌握新媒体技术的高校思想政治教育工作者，可以通过新媒体的多种技术，集文字、声音、图像、数据等为一体，形成集成性、同步性、交互性和形象性的教育新通路，使高校思想政治教育更加生动活泼、富于艺术性且更具亲和力。可以说，新媒体为高校思想政治教育创造了最佳的技术环境，不仅带来了工作场合和对象、教育方式与手段的改变，还使信息获取与传播的突破性得到改善，使传统的思想政治教育平台由单一性变为多样化和立体化；而且也极大提高了思想教育信息的传播速度，增强了高校思想政治工作的生动性与感染力。

（二）高校思想政治教育技术环境的消极影响

1. 由海量化信息所产生的副作用

新媒体时代，随着海量化信息的铺天盖地传播，在给受众带来比以往任何时候都能更加迅速便捷地获取信息的同时，也极易造成受众在面对海量信息时的眼花缭乱和茫然失措。尤其对那些涉世未深的大学生来说，在面对海量信息所包含的带有腐朽思想、消极观点时,往往对信息的被动接受将多于主动的思考,容易受到诱惑和盲从,以至于会影响到他们道德信念、价值观念的建立,与高校思政课所传授的社会主义核心价值体系产生冲突,抵消一部分教学效果,稀释了思想政治教育的浓度。

2. 由虚拟化关系所造成的副作用

新媒体时代,在新媒体所营造的技术环境下,高校现有的思想政治教育模式受到挑战:真实世界和虚拟世界变得界限模糊了,在某种程度上造成了"虚拟时空"的存在形式,高校大学生往往不知不觉地受到"虚拟时空"的影响并被动接受,失去理性和自我。由于人际关系虚拟化,使人的身份可以变成一串字符,任何人都可以不受约束随意使用不同的名字、性别、年龄与人交流而不会被人觉察,久而久之,造成了一种疏离与隔阂,带来人与人之间关系的微妙改变;但同时,由于网络上缺少现实中的道德和法律约束,极易造成人们是非观念的混淆,诱惑人们去尝试在现实世界里不敢付诸行动的"行为"。目前,高校思想政治教育自身改革的进展远远跟不上新媒体技术的发展步伐,在教育理念、教育政策、教育目的等方面缺乏前瞻性研究,对新媒体环境下的高校思想政治教育工作缺乏前沿认知。

3. 由多样化平台所带来的副作用

新媒体技术的应用,使得教育平台多元化了,但同时也增加了网络管理的难度。以手机上网络为例,现在高校学生是应用网络和手机上网的主要人群。近几年来,手机网络发展迅速,手机与互联网的互动更具有隐蔽性和不可预见性,对网络监管部门来说,追查信息源头的难度以及对信息真实性的鉴别难度进一步加大,给大学生思想政治教育舆论导向增加了控制难度,使得国家、社会和学校对思想政治教育舆论的引导难度空前加剧,舆论引导在高校思想政治教育中的作用明显弱化了。

第二节 新媒体对高校思想政治教育工作者的影响

一、工作影响

（一）新媒体对高校思想政治教育工作者的积极影响

1. 为高校思想政治教育工作搭建了新平台

教育主客体之间相互联系沟通，是思想政治教育工作者实现育人目标的首要前提。在传统思想政治教育环境中，教育主体对客体的思想状况的把握，主要是通过座谈会、个别谈话、班级骨干汇报等途径来完成的，受各种条件和因素的制约，往往情况不太真实或者把握不住问题的关键点，因而难以达到思想政治教育的效果。新媒体在为大学生提供学习和交流的新工具和新平台的同时，也为思想政治教育工作者开通了更多的了解学生思想状况的渠道。在虚拟世界里，大学生们可以无拘无束、敞开心扉，表达自己的喜怒哀乐，让高校思想政治教育工作者一览无余、尽在掌握之中。高校思想政治教育工作者可以根据大学生的各种心理需求，及时地进行先进思想文化的传播引导和正确的世界观、人生观、价值观教育。可以说，新媒体为高校思想政治教育工作者搭建了更加广阔的思想政治教育平台。

2. 为高校思想政治教育工作提高了时效性

传统思想政治教育主要是通过思政课、传统媒体等形式来实现的，信息传播的范围、速度都是有限的，新媒体凭借全天候、全时空、全方位的优势，不仅传播速度快，且具有极强的时效性。在新媒体时代，人们足不出户，通过新媒体便可以了解世界上政治、经济、文化、科技、体育等各种信息，同时也可以把自己制作的信息发布到世界上的每个角落，因而深受大学生的偏爱，成为他们了解世界、关注时事的主要渠道和来源。新媒体技术提供信息的丰富、及时和迅速，作为高校思想政治教育的一种新型载体，对思想政治教育工作者来说，无疑也提高了他们工作的时效性，使他们能够更加便利地获取丰富的教学资源，能够突破传统教学时间限制和其他繁琐程序的制约，更加便利地传播思想文化，更加及时地开展思想政治引导和教育。

3. 为高校思想政治教育工作增强了实效性

所谓思想政治教育的实效性，是指实际的功效或实践的效果，思想政治教育预期目标与结果之间的张力关系，是实践活动结果对于目的的是否实现及其实现程度，也即实际效果问题。具体来说，大学生思想政治教育实效性表现在两个方面：一是思想政治教育的内在效果，就是要求思想政治教育能够顺利地内化为大学生个体的思想道德素质，具体针对的是大学生个体的发展和人格的完善；二是思想政治教育的外在效果，就是要求通过思想政治教育能够提升大学生的思想道德素质，以良好的行为举止影响社会，营造良好的社会氛围，推动社会全面进步，具体针对的是社会的整体效果。思想政治教育的内在效果和外在效果，是相辅相成的，但要取得最佳效果，内化最为关键。从新媒体信息容量大、资源丰富、传播迅速、交互性强、覆盖面广、形式多元等优势来看，新媒体为促进思想政治教育实现内在效果提供了机遇。新媒体丰富的共享资源，为高校思想政治教育工作者开展工作提供了充足的资源；新媒体的快捷性，为高校思想政治教育工作者大规模地、主动地、快速地传播正确的思想、理论和政策提供了方便，避免了信息传递过程中的衰减和失真；新媒体主体的平等性，促进大学生主动参与对话交流，实现了教育者与学生双方的随时互动交流，使教育者和学生之间的互动更广泛、更深入；新媒体传输的超媒体性，扩大了思想政治教育的覆盖面，将思想政治教育的课堂延伸到学生学习、生活的各个场所，促进了思想政治教育的社会化，使思想政治教育的实效性得到了大大增强。

4. 为高校思想政治教育工作强化了渗透性

隐性教育是相对于显性教育而言的。所谓隐性教育，是指在宏观主导下通过隐目的、无计划、间接、内隐的社会活动，使受教育者不知不觉地受到影响的教育过程。高校思想政治教育工作者在实践中常常感到，公开的、显性的思想政治教育，往往难以达到预期的效果；而采用隐性教育，通过"潜移默化"、"润物无声"的方式，更能够对受教育者的思想、观念、价值、道德、态度、情感等产生影响，新媒体隐秘性、虚拟化的特征，为高校思想政治教育工作者开展渗透隐性教育提供了可能。高校思想政治教育工作者可以借助于新媒体技术，利用博客微博、网络论坛、网络聊天、严肃游戏等形式，将实现教育目的于日常生活中，渗透教育过程于休闲逸致间，潜移默化地对大学生进行思想教育，以达到思想政治教育的实际效果。

（二）新媒体对高校思想政治教育工作者的消极影响

1.新媒体传播的"无屏障性"，增添了高校思想政治教育工作的复杂性

新媒体给高校思想政治教育工作带来了空前的复杂性：首先是海量信息所承载的鱼龙混杂的"资讯轰炸"，快速地进入大学生的视野，对于涉世不深、阅历较浅而又对网络具有极大依赖的大学生而言，很容易黑白不分、自我迷失。要帮助大学生分清是非、走出迷茫，非一日之功所能奏效的，无形中增加了思想政治教育工作者的工作难度。其次，新媒体传播的"无屏障性"，增加了高校对校园网控制的难度。现在网上经常出现假新闻，随意散布各种谣言，人肉个人隐私等屡禁不止。虽然监管部门也采取各种手段加以制止，但碎片化的有害信息仍旧大行其道。这些不良网络信息对大学生极具诱惑力，他们自觉或不自觉地充当起"传声筒"和"扩音器"，对不良信息蔓延起到了推波助澜的作用。最后，新媒体传播方式隐秘性，为引发各种病态人格和网络犯罪提供了温床。一些大学生在虚拟空间，为所欲为，宣泄不满，随意攻击社会、学校乃至身边的人和事，从而催生"网络愤青""网络暴力"，加大了高校思想政治教育工作者的工作引导难度。

2.新媒体技术的"易更新性"，考验了高校思想政治教育工作的创新性

新媒体是高科技，技术更新快速，尤其新的应用方式层出不穷，对高校思想政治教育工作者提出了工作的创新性要求。由于高校思想政治教育工作者比较熟练传统的思想政治教育方式方法，对新媒体的运行机制不了解、对新媒体的话语表达不适应、对新媒体的运用不熟练等，在这种情况下，他们的工作主导性缺失、教育效果不太理想也是难免的。但高校思想政治教育工作已进入新媒体时代，积极应对新媒体的新挑战，充分发挥思想政治教育网络传播的吸引力和导向性，是大势所趋、时代所需，作为教育者唯有及时调整心态，创新方法理念，才能更好地利用新媒体开展大学生思想政治教育工作。

3. 新媒体的"匿名性",挑战了高校思想政治教育工作的针对性

新媒体的"匿名性",既有利于大学生在网上敞开心扉、吐露真情,为高校思想政治教育工作者把握大学生的思想脉搏提供便利;同时,又由于是匿名表达思想、宣泄情绪,使思想政治教育工作者无法锁定特定对象,也就无法有针对性地做好思想政治教育工作,等等。因此,如何使高校思想政治教育从内容到方式都具有更强的针对性,以适应新媒体时代发展的要求,已成为高校思想政治教育工作者亟待解决的新课题。

4. 新媒体的"无序性",增大了高校思想政治教育工作的难度性

新媒体极大地突出了公民个体在传播中的主体地位。新媒体时代,新媒体用户不再是单向地接收信息,而是可以自主生产传播内容并传递信息的"自媒体"。新媒体传播在一定程度上的"无序性",大大增加了现代社会的风险性,已成为社会风险因素的重要来源。新媒体带来的"无序性",引发一些学生在虚拟网络中的不道德行为泛滥,对他们的身心健康造成了很大的负面影响。由于新媒体技术背景下的社会是一个难以用规范制约的社会,这种无序性不仅使高校思想教育的管理增加了难度性,同时也给高校思想政治教育工作的开展带来了困难

二、主导地位影响

（一）新媒体对高校思想政治教育工作者主导地位的积极影响

1. 有利于高校思想政治教育工作者掌握工作的主导性

在传统的高校思想政治教育环境中,表面上看,高校思想政治教育工作者始终是掌握着工作主导性的,但实际上由于无法真实把握大学生的思想动态和真情实感,加上思想政治教育的形式又比较单一,思想政治教育是很难收到较好效果的;新媒体时代,新媒体为高校思想政治教育工作者掌握工作的主导性增添了助力:一是新媒体的交互性,使思想政治教育工作者能够掌握到大学生的思想动态,及时了解到他们关注的热点,这为思想政治教育工作者更好地发挥主导性创造了条件。尤其对大学生中出现的倾向性问题,能够及时有效地加以引导、处理,使问题在萌芽状态得到解决。二是新媒体信息资源丰富,许多新潮语言层出不穷,经过思想政治教育工作者的加工处理,

能够很快丰富和转化为思想政治教育教材，成为思想政治教育工作者掌握话语权的重要资源三是新媒体形态多样，有助于思想政治教育工作者发挥创造性，将立体的文化传播形态集翔实的文字材料、悦耳的音乐旋律和精良图形图像于一体，引入大学生思想政治教育之中，使大学生更乐于接受。

2. 有利于高校思想政治教育工作者增强工作的互动性

思想政治教育能否成为一个互动的系统，做到主客体之间的互动与交流，这是思想政治教育取得实效的关键，总结高校思想政治教育工作的经验与教训，教育主体与客体之间不平等，两者之间存在对立与隔阂，不能做到互动与交流，应当是其中一个重要教训。新媒体时代，网络的虚拟性和匿名性使得思想政治教育工作者居高临下的姿态不再，他们以平等的姿态与大学生互动交流，建立起了一种新型的主客体关系。这种新型关系的建立，有利于创造教育者与教育对象之间的和谐环境，有利于他们和谐相处、相互尊重、互动交流，有利于尊重和维护高校思想政治教育工作者的主导地位，也有利于在比较宽松的新媒体环境中对大学生进行潜移默化的教育，从而增强了高校思想政治教育的渗透性和实效性。

3. 有利于高校思想政治教育工作者实现工作的高效性

长期以来，高校思想政治教育主要是通过课堂教学并辅以座谈、讨论、谈心、社会实践等形式来开展的。这种传统的思想政治教育形式，在社会日益快节奏发展的今天，越来越显得效率低下，不能适应新媒体时代高校思想政治教育的需要了。而在新媒体时代，新媒体所展现的快捷、灵活的优势，有助于改进高校思想政治教育效率低下的现状。高校思想政治教育工作者运用新媒体能够使正面的声音摆脱时空限制迅速传播；能够及时了解社会热点新闻，使教育者及时掌握教育对象的最新思想动态，进而发现问题，解决问题；能够更为方便和快捷地发布更具个性化的信息，在最短的时间里把教育内容迅速传递给受教育者，使思想教育更直接、更深入。通过新媒体，大学生改变了在规定的时间到规定的场所接受教育的方式，他们可以在任何一个地方、任何时间获取所需的知识和教育，从而达到高校思想政治教育工作者实现工作高效性的目的。

（二）新媒体对高校思想政治教育工作者主导地位的消极影响

1. 消解了高校思想政治教育主导地位的权威性

新媒体时代，新媒体为高校思想政治教育主客体之间平等相处搭建了平台，但同时也产生了两种情况：一方面，教育主体由于受到自身新媒体素质、行政事务和工作时间等的限制，面对海量信息，他们所看到的信息，大学生也会看到，他们没有来得及看到的，可能大学生已经知道了，信息的获取往往落后于教育客体。由此，高校思想政治教育工作者深感主导地位的权威性正在面临着教育客体的质疑与反叛；另一方面，由于受教育客体的信息接触面日益广泛，在网络所传播的各种不同观点影响下，他们对信息的理解更加多维和主动，而不像以往那样被动地接受教育者的灌输和安排，更乐于根据自身的是非观念和判断能力，选择自己认为正确的东西。在这种情况下，传统的思想政治教育过程中教育者的信息优势正在逐步减弱，特别是当前一线的思想教育工作者并没有深刻理解新媒体技术条件下思想政治教育呈现出的新特征和规律，因而很难有效地利用新媒体来开展思想政治教育，使得教育者在大学生思想成长过程中主导地位的权威性受到了强烈的冲击。

2. 侵扰了高校思想政治教育主导教育的思想性

当前，高校思想政治教育工作者中出现了这样两种情况：一种是有些思想政治教育工作者由于思想保守、观念陈旧，抵触新媒体，他们的教育方式和教育内容越来越不被大学生接受，有的甚至被大学生评为"不受欢迎的教师"；一种是有些思想政治教育工作者由对新媒体不适应转而一味迎合大学生的思想观点，更有甚者动摇社会主义信念，对网上宣扬的西方资本主义的价值观念津津乐道。这两种情况都是有害的，对新媒体时代高校思想政治教育的顺利开展构成了前所未有的冲击。它不仅降低了思想政治教育工作者在大学生心目中的权威性，导致他们对思想政治教育的冷嘲热讽甚至阳奉阴违，而且也严重侵扰了高校思想政治教育主导教育的思想性

3. 弱化了高校思想政治教育主导方式的有效性

传统的高校思想政治教育主导方式主要以课堂教学为主，辅以专题讲座或小组讨论、参观访问等面对面的交流。这种形式亲切、自然的主导方式，

使教育者能够在现场及时感觉到受教育者的情绪、思想等真实变化,充分体现思想政治教育的"在场有效性"。新媒体的出现弱化了这种"在场有效性",在一定程度上改变了大学生的认知方式和自我表达方式,新媒体技术的开放性和交互性使社会对个人思想行为的制约机制发生了显著变化,增加了教育制约的难度,加上我们的管理经验不足,各种合法或不合法、健康或不健康的信息快捷方便地进入大学生的视野,不少信息直接对大学生精神世界带来消极负面的影响,;这种快速侵入、立竿见影的效果对传统的主要靠长期坚持、反复灌输、潜移默化发挥作用的教育,无疑是一个严峻挑战,不仅弱化了高校思想政治教育主导方式的"在场有效性",而且给高校思想政治教育的效果带来许多不确定性。

三、教育模式影响

（一）新媒体对高校思想政治教育工作者教育模式的积极影响

1. 拓展了高校思想政治教育工作者的教育内容

与新媒体时代相比,传统思想政治教育时期,由于受到主客观条件的限制,思想政治教育的信息知识储备量、教育覆盖面等相对较小,影响了高校思想政治教育的效果。新媒体时代,高校思想政治教育工作者的教育内容得到了极大拓展。这种拓展,主要反映在四个方面：一是新媒体技术超大信息量的特点,使思想政治教育的内容变得更加丰富而全面,同时也使思想政治教育工作者在实施教育时更加具有可选择性和客观性；二是新媒体的广泛运用使得全球性信息资源共享变成可能,它对改变传统思想政治教育的信息知识储备量小、教育覆盖面窄等成为可能；三是新媒体信息的速度更迭,有助于高校思想政治教育工作者可以在短时间内完成思想政治教育内容的收集、筛选工作,选择那些时代性强、教育意义强的思'想政治教育内容,从而大大提高思想政治教育工作的时效性,体现思想政治教育工作的时代要求；四是新媒体技术的多样性,使原本比较枯燥、抽象的教育内容,开始走向立体化、动态化、超时空化,思想政治教育工作者通过集声、色、光、画等为一体的新媒体技术演绎出来,使抽象变得形象、枯燥变得活泼,大大增强了思想政治教育的吸引力和实际效果

2. 更新了高校思想政治教育工作者的教育方式

新媒体的广泛运用，极大地改变了传统思想政治工作的教育方式，它带来了"四个转向"：一是转向开放式教育。由于新媒体技术的广泛使用，改变了以往的封闭式教育方式，使得大学生接受教育的渠道变得更多元、更直接、更具体，因而趋向开放式教育成为可能。二是转向启发式教育新媒体时代，高校思想政治的教育方式已经不适合采用灌输式教育方式了，这种教育方式已更新为以学生为主体、教师为客体，以启发诱导的方式来引导大学生的思想进步。三是转向双向互动式教育。新媒体时代，由于新媒体使得教育主客体之间真正实现了双向互动交流，教育者在进行授教的同时，自己也在同时接受着教育，因而从单向被动式教育向双向互动式教育转变成为可能。四是转向服务式教育。新媒体技术的运用，使得传统的以"老师说，学生做"为主的教育方式失去了其优势由于思想政治教育工作者在思想政治教育中所起到的作用更多的只是一种引导和指引、即通过引导和指引将强制性的信息灌输变为信息的选择利用和服务上，从而大大提高了思想"灌输"的实效性。

3. 丰富了高校思想政治教育工作者的教育手段

高校思想政治教育工作者在实践中深深感到，与新媒体技术相比，传统思想政治教育的手段比较单一，效果难以彰显，越来越不适应时代发展的需要。而新媒体丰富了高校思想政治教育工作者的教育手段。如，手机短信、飞信、博客、网络论坛、微博、QQ、微信、手机短视频等工具，运用在高校思想政治教育工作者的手中，都可以拓宽大学生思想政治教育的途径，成为新媒体时代开展思想政治教育的新手段。还比如充分利用现在校园流行的"QQ群"，高校思想政治教育工作者可以将思想教育的内容渗透到班级"QQ群"交流中，使班级在网络中也能呈现出交互性信息活动场所；又如，通过运用"网络论坛"新手段，高校思想政治教育工作者可以克服课堂教学的时间限制，打破传统意义上的班级概念，借助网络论坛来传递信息、交流思想、聊天谈心，从而卓有成效地推动大学生思想政治教育。

(二)新媒体对高校思想政治教育工作者教育模式的消极影响

1.新媒体的发展使高校现有的思想政治教育模式受到挑战

新媒体技术的迅速发展,把人们由现实世界带入虚拟世界,在这个虚拟世界中,实体的现实与创造的现实已经融合在一起,人们的认知方式也随之发生了根本性的变化。处在这个大背景下,高校思想政治教育面临着全新的挑战:一方面由于这种认知方式容易使大学生受到虚拟世界的左右,自觉或不自觉地受"虚拟时空"这一存在形式的强制性影响和被动性接受,从而失去理性和自我:如何创造一种全新的教育模式,来承载新媒体时代高校思想政治教育的任务,这对高校思想政治教育工作者是个新考验。另一方面,对高校思想政治教育工作者来说,他们所依赖的原有教育制度环境已严重滞后,尤其在教育理念、教育政策、教育目的等方面缺乏前瞻性的理论与实践的研究,远远跟不上新媒体技术的发展步伐。因此,改革现有思想政治教育模式,以适应新媒体时代高校思想政治教育的发展需要,已成为高校思想政治教育工作者义不容辞的职责。

2.新媒体的发展使高校现有的思想政治教育引导功能受到挑战

在传统社会里,实施整合社会价值的主渠道和载体,一直是由政府主导的新闻媒体承担并发挥着主导作用的。但是,随着新媒体的崛起,这种独家统霸天下的局面开始打破了:新媒体正在逐步成为现代社会价值传播的重要渠道。但是,由于新媒体开放性、匿名性、虚拟性的特点,使得新媒体自身传播的价值也是多元的,既传播先进的、正确的价值观,同时也夹杂着很多黑白颠倒的、有害传统道德价值观的东西,这不仅导致了大学生价值观的异变,而且也无形中加大了高校思想政治教育引导功能的难度。在高校思想政治教育改革的过渡时期,随着由政府主导的新闻媒体所引导人们形成的价值观模式日渐弱化,高校现有的思想政治教育引导功能将会受到越来越大的挑战。

3.新媒体的发展使高校现有的思想政治教育内容受到挑战

高校思想政治教育的主体内容是思想政治教育工作者按照国家教育部制定的培养要求,通过"灌输式"和"诱导式"的方式使受教育者"被教育"。高校思想政治教育的内容,不仅体现思想政治教育的性质,而且是实现思想政治教育目标与任务的重要保证。这种模式所形成的教育内容，它的最大长处是能够与教育目标始终保持一致性与趋同性，其短处是容易导致教育内容的相对静态化和平面化，尤其忽视了对学生的个性及内在需求，进入新媒体时代，大学生信息接收途径更加广泛，主流文化与非主流文化，他们都能够从新媒体上快速获取；由于受到多元文化的影响，他们对那种自由言说的方式和无拘束性的言论表示出莫大的欣慰，使得个体最原初的心理和精神得到释放，开始对被动接受既定道德规范和合乎规范性的习惯出现反叛，由此可见，随着传统媒介"把关人"理论的颠覆，新媒体以其传播快捷性、表达交互性、内容随意性、言论自由性，对当前高校思想政治教育的主体内容提出了新挑战。如何既能利用新媒体技术对高校思想政治教育内容进行创新，又能保持思想政治教育内容符合国家教育部制定的培养要求，是我们必须着力研究的一个新课题。

4. 新媒体的发展使高校现有的思想政治教育方式方法受到挑战

所谓思想政治教育方法，是指进行思想政治教育时，在马克思主义世界观的指导下，在塑造人们灵魂、丰富人们精神生活和调动人们积极性，实现培养目标的过程中所应用的各种手段、办法和程序的总和。传统的思想政治教育主张教育者对受教育者的言传身教，是一种单向教育模式，学生处于被动接受的地位，缺乏互动性。这种思想政治教育方法的长处针对性强、反馈及时，有利于大学生接受正面思想，实现思想政治教育的目标。短处是教育的作用对象、作用次数都是有限制的，脱离了特定的环境或氛围，教育内容对受教育者的教育和感染作用难以持久。

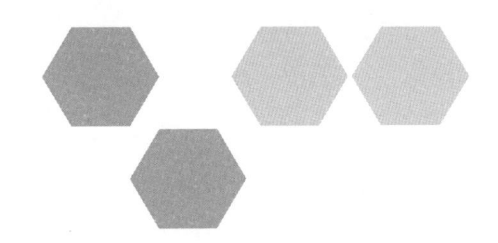

第五章 新媒体时代高校思想政治教育目标和原则

第一节 高校思想政治教育体系构建的目标

一、思想政治教育目的与教育目标的区别和关系

目的通常是指行为主体根据自身的需要，借助意识、观念的中介作用，预先设想的行为目标和结果。作为观念形态，目的反映了人对客观事物的实践关系。人的实践活动以目的为依据，目的贯穿实践过程的始终。它是人们希望获得的最终结果，这个结果是整体性的，具有高度的概括性和抽象性。目标是个人、部门或整个组织所期望的成果，是目的和使命的具体化表现，是在一定时期内所追求的最终成果和希望的未来状况。任务是目标的具体化。任务作为具体的实践要求，回答了在某一时期、某一阶段人们应该做些什么事情。

思想政治教育的本原目的是促进人在社会中的生存和发展，思想政治教育的最高目的是促进人的自由全面发展，我国思想政治教育的现实目的是促进和谐的社会主体的生成。思想政治教育的目的，是指通过思想政治教育活动，在受教育者的思想和行为方面所期望达到的结果。换言之，思想政治教育的目的是人们根据一定的主客观条件对受教育者思想品德方面质量的一种期望和规定。思想政治教育目的是开展各项思想政治教育活动的依据和动力。思想政治教育的目的的实现是长期的、复杂的、艰巨的，可区分为若干阶段的过程。

思想政治教育的目标是指思想政治教育者通过思想政治教育活动，期望思想政治教育对象的思想品德、政治素养、心理素质和行为习惯等方面所能达到的境界或预期结果。思想政治教育的目标不是头脑臆造的结果，它深深地植根于社会土壤之中。它取决于社会发展状况和需要，取决于现实的人全面发展提升自身的需要。从上文可以看出，思想政治教育的目标是一个过程，是一个教育主体在实现其目的的过程，这一过程体现的就是某一群体的阶段性教育结果和状态。

关于思想政治教育的目的与思想政治教育的目标的关系，可以总结为一句话：思想政治教育目标是实现思想政治教育目的的具体途径，思想政治的目标以思想政治教育的目的为依据。

高校思想政治教育的目标，是指高校根据社会发展的需要和大学生成才的要求，通过思想政治教育使大学生政治、思想、道德、心理、审美、法纪等素质在一定时期内达到预期效果。它是高校思想政治教育的出发点和归宿，是思想政治教育的首要核心问题，制约着思想政治教育的整个过程。正确的目标定位，不仅为有效实施思想政治教育明确了方向评估的依据，也为广大青年学生成才明确了可行性导向，在树立和落实科学发展观，全面构建社会主义和谐社会的时代背景下，进一步明确高校思想政治教育的目标定位，对培养合格的社会主义事业建设者和接班人，推进两个文明建设，乃至把建设中国特色社会主义事业全面推向新时代具有重要意义。

二、新媒体时代高校思想政治教育目标应坚持的原则

（一）高校思想政治教育目标应遵循社会进步和个人发展辩证统一的原则

社会发展向人提供物质的、精神的发展条件，决定着人的发展；个人的发展依赖于社会发展，社会发展促进个人的发展。个人发展对社会发展具有促进作用，人本身的发展既是衡量社会进步的内在尺度，也是推动社会前进的内在动力。二者是一个双向同步的统一运动过程，统一的基础是社会发展。社会进步和个人发展应该达到高度的一致性。基于这种高度的认识，高校思想政治教育的目标定位，应该同时满足社会发展和个人发展，达到社会性和个人性的统一。

无论社会还是人，都必须求发展，把发展放在首要位置，这是无一例外的。社会发展与人的发展是不可分割的。任何社会的发展都以经济发展为基础，

但社会发展不仅仅是追求经济的增长，其根本目的应是追求人的发展，实现人的全面发展。人的全面而自由的发展是理想性、现实性和革命性的统一，它像一座灯塔，指引着社会发展和人的发展的道路与方向，它不但是一种理想目标，而且是一个现实的历史过程，是一个要经历诸多艰难曲折和革命性变革去逐步实现理想目标的现实发展过程。中国现在已经进入了共产主义社会的低级阶段——社会主义社会，而且在现阶段，中国社会的发展采取的主要对策是大力发展社会主义市场经济，这为人的发展开辟了广阔的前景。因此，要抓住机遇，更要自觉地创造条件，培育和塑造人应具有的素质与品质，逐步向未来共产主义社会人的全面而自由的发展迈进。个人发展与社会发展之间客观地存在着辩证统一性，这种辩证统一性是高校思想政治教育所遵循的。高校思想政治教育目标的制定应遵循从个人需要出发，又应从社会需要出发，只有这样才能既促进个体发展又促进社会发展，使个人发展与社会发展之间形成一个良性循环。否则，单从个人发展出发或单从社会发展出发，都只能适得其反。

为保证其方向的科学性和正确性，满足社会发展进步的需要，高校的思想政治教育的目标定位要适应并服从于社会主义物质文明和精神文明发展的要求。要想做到科学性和正确性，必须理解"内化"与"外化"。"内化"与"外化"是大学生思想品德形成过程中的两个阶段，这两个阶段互相交叉，互相转化。在这两个阶段，"内化"起着重要作用。大学生在接受思想政治教育后，提高了道德自觉性，从而将外在的思想观念、道德范、政治理念内化为自己的行为准则和道德良心，指导自己的活动行为，并形成自我监督的良性机制，最后完成个体整体素质的提升。在整个大学生思想政治教育活动中，思想政治教育内化占据着重要的地位。因为我们进行思想政治教育，其目的就是要使社会所要求的思想观念、政治观点和道德规范转化为大学生自己的思想意识，并用以指导自己的行为活动，而这个过程正是内化活动过程。大学生思想政治品德的养成要求把社会习俗逐渐"内化"为大学生的思想观点、理想信念，然后把这种内在素质"外化"为行为习惯的过程。在这种由"内"而"外"的过程中，大学生的思想政治素养得以提升。"内化"和"外化"的过程必须是以大学生个性心理特征和成长规律,以及心理状况为前提的,通过这种前提性的保障,进而达到社会进步的需要和个人发展的需要的辩证统一。只有这样才能保证高校思想政治教育的科学性,达到高效思想政治教育的目标。

(二)高校思想政治教育目标应遵循继承与借鉴有机结合的原则

一方面,实现高校思想政治教育目标需要遵循继承与借鉴相结合的原则,应继承发扬高校在历史上形成的优良学习传统、马克思主义的学风和富有成效的学习制度,借鉴国内外学习型组织建设方面具有普遍意义的规律性认识,吸取近年来各个高校进行思想政治教育工作建设实践中积累的好做法、好经验。另一方面,要坚持解放思想、实事求是、与时俱进的工作思路,依据高校在新的历史时期、新的环境条件下学习目的、内容和组织形式的发展变化,不断有所发现、有所创新、有所突破。

横向借鉴,纵向继承。我党的一项重要的政治传统和政治优势,就是长期坚持不懈地开展思想政治教育。多年来,我们一方面在不断实践思想政治教育的内容;另一方面不断积累经验,如正面灌输、实事求是、以身作则等,对于这些经验,我们不但不能放弃,而且要进一步继承和发扬,发挥它们在思想政治教育过程中的积极作用。思想政治教育并不是哪一个阶级的特殊行为和专利,而是一项普遍的社会实践活动,不仅我国需要,世界各国都需要。新媒体下高校思想政治教育工作表现出隐蔽性强的特点,基于这种认识,我们应该积极横向地借鉴不同高校甚至国外高校进行思想政治教育工作的经验,并以此为依据丰富我们的工作思路。继承中孕育着发展,借鉴中包容着提升,高校思想政治教育在我国已经发展了多年,这期间累积了丰富的思想政治教育工作经验,新媒体时代应该发扬"扬弃"精神,对传统经验进行批判继承。

(三)高校思想政治教育目标应遵循教育与管理相一致的原则

教育与管理是反映思想政治教育与其重要性平行的系统管理之间相互关系的范畴。思想政治教育是思想政治教育者对受教育者施加有组织、有计划、有目的的思想政治影响的实践活动,它主要靠说服教育,启发人们的自觉认知。管理是组织运用经济、行政、纪律、法规等手段规范人们的行为，以维护正常的生活秩序的实践活动。它主要靠规范约束，带有强制性。管理与思想政治教育是两种不同的活动，二者性质不同，功能有异，并且二者之间有着密切联系。只有二者实现有机结合，才能显示思想政治工作的强大威力，保证各项工作顺利进行。

当前的新媒体时代，随着网络技术的迅猛发展，各种新问题、新情况、新矛盾日渐显露，迫切需要强有力的思想教育做先导，更需要科学有效的管理措施做保障，这种保障和需要在高校领域更为突出。因此高校思想政治教育目标的制定一定要把握教育与管理的一致性。具体指：一方面高校要把思想教育贯穿于各项规章制度和教育教学的落实过程之中；另一方面高校要使思想教育领先于各种错误思潮；此外，要把思想教育渗透到严格的学生管理之中。只有这样才能为高校思想政治教育工作提供精神动力和智力支持，同时也能顺利保障高校各项事业的顺利进行。

（四）高校思想政治教育目标应遵循针对性与实效性有机结合的原则

新媒体环境下加强思想政治教育要强化思想政治教育的针对性，切忌教条僵化和形式主义，增强实效性，做到有的放矢，坚持针对性与实效性相结合的原则。为适应新媒体环境下高校思想政治教育工作的要求，高校思想政治教育应着眼于为提高大学生思想政治能力服务，努力把提高大学生思想政治水平作为抓教育的出发点、落脚点。在制订高校思想政治教育计划时，要把思想政治教育放到高校全面建设的大局中来考量，把对上负责和对下负责统一起来，吃透上情，摸准下情，形成自己的教育特色。这种针对性体现在高校思想政治教育方针的针对性、高校思想政治教育内容选择的针对性、高校思想政治教育形式的针对性以及高校思想政治教育整体效能的针对性等方面。

新媒体背景下，借助网络技术的发展，大学生思想政治教育工作变得繁杂无序，这对思想政治教育的方式和手段都提出了近乎严苛的要求，照本宣科、不注意理论联系实际的教学方法是不会有实际效果的，因此要求高校思想政治教育工作的方法和手段应该做到与时俱进。在这一过程市，高校要针对新媒体环境条件下学生自主性和主体意识增强的特点，利用多平台，多载体，多方位，全方面地实现高校思想政治教育的实效性，切实提高大学生的思想政治水平。

第二节 新媒体时代大学生思想政治教育的原则

一、区别思想政治教育的原则与规律、原理以及方法

（一）思想政治教育的原则与规律

思想政治工作的规律是思想政治工作过程中各种要素、各工作环节和现象间内在的、本质的联系。思想政治工作的原则是人们在实施思想政治教育过程中必须遵循的一些准则。规律与原则的关系，是决定与被决定的关系，是客观与主观的关系。从理论上深入探讨它们之间的关系，对于我们尊重客观规律，科学地制定原则，提高思想政治工作的有效性，有极其重要的现实意义。

思想政治教育过程有其自身固有的规律，其规律也就是思想政治教育过程中诸要素之间的本质联系及其矛盾运动的必然趋势，具有客观性。思想政治教育过程的基本规律是指思想政治教育的主要因素之间最本质的联系及其矛盾运动的必然趋势。关于这一规律的定义，思想政治教育学界也是各执一词，不过个性当中总会有共性，根据不同学派的理论，对"规律"定义进行整合，本书试作如下表述：思想政治教育的规律指的就是，思想政治教育工作者根据特定社会和特定发展的要求，参考受教育者个体发展特点和要求以及品德状况，结合一定的方法和一定的手段，以社会要求的思想品德规范去影响受教育者，试图不断解决其思想品德水平与社会品德规范要求之间的矛盾，使受教育个体思想品德朝着社会要求的方向发展并得到不断提高。由于思想政治教育过程的规律具有客观性，它不以人的意志为转移，不管人们是否意识到它，它都在起作用，自觉地按规律组织和实施思想政治教育，因此，在实施思想政治教育的过程中一定要注意避免主观性和随意性。

思想政治教育的规律与原则的关系，可以总结为决定与被决定的关系、客观与主观的关系。思想政治教育原则的制定必须以思想政治教育规律为依据，思想政治教育原则是思想政治教育规律在教育中的反映。思想政治教育

规律是不以人的意志为转移的，人们只能发现、掌握和利用它，而不能任意制造、改变或废除它；而思想政治教育原则是第二性的，思想政治教育原则，是对思想政治教育客观规律的主观认识的成果，是对思想政治教育规律的能动反映，它反映了思想政治教育客观规律的必然要求，是人们根据需要制定的教学活动的基本准则，它与科学发展水平、人们的认识能力密切相关。人们的认识、对经验的概括程度、时代要求等不一样，思想政治教育原则也就不同。

（二）思想政治教育的原理与原则

原理为一抽象的客体，反映某个（或某些）现象或机制的运作中普遍存在的基本规律，存在着一个适用范围，超出其适用范围，原理可能会发生根本变化。原则是人类使用这些普遍存在规律的一般化预测或解释。思想政治教育的原理更接近思想政治教育的内容，它是抽象化和概括化的思想政治教育内容和原则。思想政治教育的原则是受思想政治教育的原理指导的，实际上它是思想政治教育理论在教育实践过程中的具体化。

当然思想政治教育理论中的很多内容，对于实际教育过程而言，可以理解为应当坚持的原则。例如，关于灌输的原理、疏导原则等，这种抽象化的思想政治教育原则其实就是思想政治的教育原理，并且后者是前者在实际教育过程中的贯彻和具体化。

（三）思想政治教育的原则与方法

方法就是人们在认识世界和改造世界的过程中，为达到预期目的所采用的手段或方式。所谓思想政治教育的方法，就是教育者对受教育者在思想政治教育过程中所采用的思想方法和工作方法；或者说，是教育者为了达到一定的目的对受教育者采用的手段和方法。有人指出，思想政治教育的方法，就是教育者为了把社会意识形态，转化为被教育者个体的经验、品质、评价和行为习惯而采用的方式和手段。思想政治教育方法的制定应该也必须以思想政治教育的原则为指导，思想政治教育的原则也应该与思想政治教育的方法想结合。在某种程度上，思想政治教育的原则与方法具有相通性；一定程度上可侦将思想政治的方法作为原则；某种程度上，又不能将方法视为原则，这就要求我们在进行思想政治教育的过程中把握受教育者个体心理特点的同时，还应该关注周围环境的变化，只有那些在思想政治教育实践中使用频率高，且有效性比较突出的思想政治教育方法才可以从原则的教育去把握，从而上升到原则层面。

思想政治教育的方法与思想政治教育的原则之间存在辩证统一关系。一方面，两者之间存在区别。它们概念不同，并在思想政治教育大系统中分别属于不同的部分与层次，具有不同的功能和结构。另一方面，两者之间又存在同构和耦合的关系。首先，它们之间存在一定的同构性；其次，思想政治教育每一种结构都具有对其对象进行思想政治教育的特定原则和方法。此外，思想政治教育原则还反映着思想政治教育的方法。

思想政治教育中应该理顺各种关系，协调教育因素，从而形成教育合力，增强教育效果的一些做法。

二、新媒体时代高校思想政治教育应遵循的原则

（一）民主平等原则

民主平等原则，从定义上看，既有抽象含义，又有具体含义；从本质上看，既表现为具体贯彻方法，又体现其内在发展趋势。

民主平等原则，是自由对话的基础，是新媒体环境下思想政治教育自身特征以及自身适应时代发展的要求。新媒体时代，作为教育对象的大学生，他们的自我表达、自我思考以及自我意识已经渐趋成熟，逐'渐对自己以及自己和周围的关系有了独立的认识和评价，盲从性减弱，主体性增强。借助网络等多媒体手段，可以更好地阐明自我观点。因此，在教育过程中应该十分重视教育者与受教育者的平等关系和民主精神。教育者在教学过程中要树立教育民主化的观念，以平等信任的态度深入学生，在与学生和谐相处中使学生畅所欲言，袒露心声，自觉接受教育。当然还要努力创造民主条件和民主环境，疏通广开言路的各种渠道，双方协作共创健康自由的民主氛围。教育者只有降低自己的"身段"俯下身子，怀着"虚怀若谷"的心态，将思想教育的内容下载到与受教育者平等交流对话的平台上，才会收到预期的甚至超出预期的思想政治教育的效果。此外，高校还要注意加强宣传教育和思想

引导，帮助学生消除思想顾虑和认识误区，摆脱思想束缚，学会正确行使和维护自己的民主权利，提高自我教育的能力。

（二）正面教育原则

正面教育的原则具体就是坚持循循善诱，以理服人，注意运用正面形象、先进典型和正面道理教育学生，鼓励学生发扬长处，克服缺点，积极向上。培养健康的集体舆论观，促使学生自己教育自己。正面教育这一原则符合高校大学生思想品德的形成和发展规律，这一原则是根据我国社会主义思想政治教育的目的、我国道德教育的性质以及思想品德形成和发展的规律提出来的。所以，高校在进行思想政治教育的过程中一定要注意正面引导，说服教育，启发自觉，调动受教育者的积极性。

正面教育原则对思想政治教育者提出了四方面的要求：第一，积极发挥榜样的作用。通过树立典型，发挥"榜样"作用，进行正能量的传播，从正面引导大学生模范做人，开拓进取。第二，思想政治教育者要善于摆事实，讲道理，通过事实和道理开拓大学生的思想政治学习的思路，启发大学生的思想政治自觉性，促进大学生道德、思想、政治水平的提升。第三，发挥大学生的主动性和积极性，通过正面引导和奖励，达到长善救失，尽量避免以惩罚的方式进行教育，动不动就批评处罚、一棒子打死是正面教学原则的大忌。第四，思想政治教育者还要懂得利用网络平台的优势，通过运用不同的多媒体形式，向大学生传递正能量。教育者可以借助网络短片等形式进行正面引导，从而对大学生思想政治教育达到潜移默化的效果。在新媒体环境下，正面教育原则仍然是思想政治教育的重要原则，只有遵循这一原则，高校思想政治教育才能顺利进行，如若不遵循这一原则，思想政治教育抑或得到与其预期目标相反的结果。

新媒体思想政治教育要贯彻正面教育原则，首先要丰富新媒体环境下正面教育资源，拓宽新媒体环境下思想政治教育的平台和途径；其次要主动抢占新媒体环境下思想政治教育领地，网络环境下，高校可以通过建立思想政治专题网站、思想政治教育论坛等形式，拓宽思想政治教育领地，达成思想政治教育目的，促进大学生的成长和成才。

(三）稳定性原则

政治思想教育的稳定性针对的就是思想政治教育内容及其形式、方法和手段。思想政治教育的内容及其形式、方法和手段极为丰富，是代表统治阶级根本利益与体现统治阶级基本意志的。稳定的思想政治教育内容及其形式、方法和手段成为其进行稳定统治的重要基础。

我国正处在社会主义的初级阶段，社会主义意识形态和马克思主义基本理论是这一阶段思想政治教育的基本内容、形式、方法和手段，应该保持其固有的稳定性，这是现阶段社会主义制度自我完善的需要，也是国家意志和实现人民利益的体现。在一个相当长的历史时期内，我国高校思想政治教育基本的内容及其形式、方法和手段是不变的，为高校大学生提供德育支持，促进大学生成长成才和为社会主义现代化建设培养人才的使命也是不变的。当然，思想政治教育的这种稳定性是一种相对的稳定性，根据马克思主义哲学观点，运动和发展是绝对的，静止是相对的，因此基于该内容及其形式、方法和手段的高校思想政治教育的稳定性是随着时代的变化而发生变化的，其稳定性具有时代性，体现了时代的特征。在新媒体时代背景下，各种条件纷繁复杂，同时大学生思想情况也千差万别，思想政治教育的内容及其形式、方法、手段只有随机应变，才能适应各种千变万化的客观实际。随机应变性也是思想政治教育内容及其形式、方法和手段的内在属性，这就要求高校教育者在保持教育内容及其形式、方法、手段相对稳定的同时，灵活机动地根据大学生的现实思想问题、针对具体的人和事来调整、补充和选择教育内容及其形式、方法和手段，使所授内容及其形式、方法和手段与大学生的具体思想实际相吻合。

在新媒体环境下，高校思想政治教育内容及其形式、方法和手段坚持稳定性原则，这会使思想政治教育的有效性大大增加，从而增强高校思想政治工作的说服力，进而增强思想政治教育的权威性。相反，面对不稳定的思想政治教育内容、形式、方法和手段，教育者和受教育者产生思想上的混乱，进而影响高校思想政治教育的有效性。在新媒体环境下，大学生可以通过新媒体听到不同声音，这样就会使大学生对思想教育产生怀疑，使思想政治教育工作变得更加复杂。因此。

在新媒体时代,应该坚持以社会主义意识形态和马克思主义指导地位为主体的思想政治教育内容以及形式、手段、方法的稳定性,这是高校思想政治教育工作的重要原则。

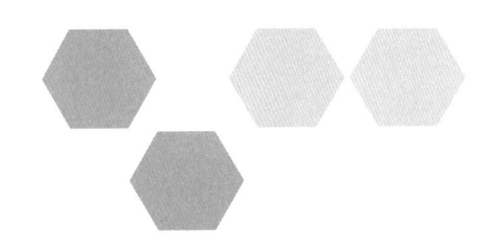

第六章 新媒体时代增强高校思想政治理论课教育教学实效性对策

第一节 增强实效性的原则

一、理想信念教育与高校学生成才相结合原则

新媒体技术的快速发展及广泛普及，推动了高校思政理论课教学模式的创新，可以说，高校思政理论课教学实效性的提升主要在于转传统灌输式教学模式为互动式教学模式，以进一步激发学生学习兴趣，创建平等和谐的师生关系，积极互动，共同学习、发展。思政理论课教师需要在充分了解与掌握网络新媒体的基础上合理利用其优势与特征进行教学，并需要加强对国内外所有社会动态的关注及教学内容的及时更新，在实际教学过程中，除了需要讲解思政理论课，还需要在教学内容中融入社会热点，从而营造宽松和谐的学习环境，激发高校学生思政理论课的学习积极性，加深学生对学习内容的了解与掌握。

高校学生不仅是我国极为珍贵且重要的人才资源，而且是我国社会主义健康发展不可或缺的力量，一直以来，如何培养高素质高技能人才都是一个全局性问题，所以当前高校需要有效融合学生理想信念教育和学生健康成长成才。一定程度上说，理想信念意味着人们对日后美满幸福生活的追求及个人价值观层面的转变，即由感性层面转至理性层面，理性信念具备较强的凝聚力、感染力与亲切力，一旦形成便可积极地促进实践活动的健康开展。

现代高校学生的重要使命在于创建社会主义事业，因此，高校需要加强理想信念的教育。新媒体时代背景下，高校学生面对较多实际问题，而这些问题的应付与处理需要坚定、良好理想信念的支持。所以，马克思主义基本原理应用则是当前高校思政理论课教学质量与实效提升的重要原则之一。新媒体优势明显，基于这些优势的应用，可以帮助高校学生树立正确的理想信念，明确正确的人生目标，以及可以帮助高校学生充分认识与了解到理想信念的重要性，从而激励自己努力学习与实践，以及为高校优秀创新型人才的培养奠定良好的基础。

二、政治性与科学性相统一的原则

新媒体时代背景下，在高校思政理论教学中遵循政治性与科学性相统一原则，此前提是需要同等重视政治性与科学性，且政治性与科学性有着紧密联系的关系。一方面，高校思政理论课教学质量与实效的提升需要依附于科学性突出思想教学政治性，思政理论课教学工作与政治任务的明确需要明确了解与掌握思政理论课作用与职责，以及需要确立思政理论课教学理应具备的价值取向，保障思政理论课教学规范。另一方面，高校思政理论课教学有效性需要充分尊重科学性。而思政理论课科学性的尊重，需要积极开展思政理论课教学实践活动，以在实践活动中不断强化科学理论。值得注意的是，高校思政理论课教师除了需要充分尊重思政理论课教学的科学性，还需要保障政治主导权。

三、教师主导性与高校学生主动性相统一的原则

新媒体时代背景下，高校思政理论课不可盲目生搬硬套，而是需要结合教学实际改进与更新教学素材与教学内容。社会变迁潜移默化地影响着思政理论课，所以思政理论课应随着社会的不断变迁而创新，即及时转传统的、落后的思想为新时代思想，当然，这些新思想理应得到高校思政理论课教师的重视。便利性是新媒体的主要优势之一，为此高校教师需要充分利用此优势积极增添与创新教学内容，可见新媒体对于高校师生而言有着极其重要的意义，无论是教师还是学生都需要正确使用它，虽然它的优势显而易见，但我们也不可过于依赖新媒体。以后，新媒体技术必然会更加广泛地应用于高校思政理论教学活动之中，基于此，高校思政理论课教学质量与实效也会日

益提升。

在信息技术快速发展的今天，高校学生提升了民主、社会、自我意识，树立了良好的精神面貌，营造了平等和谐的人际相处模式，在与他人相处的过程中也懂得更加尊重他人，在解决人际关系的过程中也懂得更加关注行为方式。新媒体时代背景下，高校思政理论课教学需要遵循教师主导性与高校学生主动性相结合原则，思政理论课教师主导作用的充分发挥，可以促进高校学生主体性意识的提升，促进高校学生的健康发展，从而更好地为高校学生服务，以及提升思政理论课教学质量与实效。

第二节 注重新媒体的影响

一、树立占领新媒体阵地意识

科技的不断开发和应用，推动了新媒体媒介与客户端的发展，在信息时代快速发展的今天，新媒体已经普及于生活各个领域，并潜移默化地影响着社会大众。新媒体时代背景下，信息时效性的掌握与适应是每个人都需要具备的技能，可以说，信息发言权对时代主旋律的掌握有着决定性作用，即持有信息发言权者便可掌握时代主旋律。高校思政教学工作的目的在于培养社会主义事业建设人与接班人，所以我们需要深刻认识到信息现代化的重要性，需要知道中国现代化既是信息现代化又是新媒体应用现代化。在此背景下，高校思政教学工作需要打破传统局限性，充分认识新媒体功能，并加以发挥，从而为高校高素质高技能人才的培养提供良好的基础与条件。

可以结合实际发展情况创建高校思政理论课教学网站，以更好地发挥网上思政教学的熏染力与吸引力；可以在充分了解与掌握新媒体优势的基础上积极丰富与拓展高校思政教学内容。尽管传统媒体早已深入人心，但新媒体凭借自身优势不断发展，逐渐削减了传统媒体地位，本书前面提及了高校思政理论课教师在新媒体时代所受到的影响，即新媒体时代背景下，高校思政理论课教师的地位有所降低，为此我们需要进行思想引导，创建传统灌输式教学模式，正确认识与应用新媒体技术，这便是依据此观点而制定的实际对策。在思政理论课教学实际过程中，想要充分发挥引导作用，就需要占领新媒体阵地，新媒体阵地的合理占领象征着激励、鼓舞高校学生的旗帜。可以说，新媒体阵地的优势较集中，合理设防重点，这种不拘泥于固有模式的教学才能更好地满足新媒体发展需求，以及推动高校思政理论课教学质量与实效的提升。

二、主动引导高校学生使用新媒体

高校思想较开放，且兼容并蓄，为此备受关注，通常情况下，大多数传播于社会之中的多种新思想与新观念都来源于高校。值得注意的是，这并不意味着高校仅是新思想与新观念传播的场所；此外，高校同样汇集了众多传统思想，所以同时兼备传统思想与新思想的高校自然受到社会重视，传统思想与新思想的摩擦为思想革新注入了活力。相对来说，新媒体具备较多显著优势，如信息海量、信息获取途径便捷等，这无疑有利于个人健康生存与发展，所以新媒体日益演变成人们生存与发展不可或缺的手段。

高校思政理论课教师既需要主动掌握新媒体、应用新媒体，又需要引导高校学生掌握新媒体、应用新媒体，从而更好地服务于自身所学，具体来说，将教育工作者与高校学生视作点，基于新媒体创建密切联系的线，在此基础上健全高校思政理论教学工作的面。点、线、面的有效结合，可以大幅度提升高校思政教学工作水平。另外，我们需要充分认识到现代高校学生的思想尚未完全成熟，还有待完善，加之他们不具备丰富的知识面与社会经验，难以全面认识事物、理解事物，存在一定的个人主义，易受诱惑，但高校学生思想可塑性强，若任其思想随意形成与发展，自然不利于学生的身心健康，所以我们需要紧抓此时期，耐心纠正与指导学生错误的思想。在此过程中，高校思政理论课教师的作用不容忽视，即他们除了需要引导高校学生掌握新媒体、使用新媒体，还需要加强高校学生在各个环节对新媒体的正确科学使用，主要涉及思想启蒙、形成等环境，在高校思政教学中合理融入新媒体优势，并使之得以充分发挥。当然，新媒体也存在一定的风险与弱点，所以这就对高校思政理论课教师有了更高的要求，需要科学掌控好新媒体存在的风险与弱点，合理包容相应领域内的思想沟通与摩擦，从而促进思想多元化的实现。

第三节 转变传统高校思想政治教育观念

一、灌输与渗透相辅相成

新媒体时代背景下,高校思政理论课教师需要紧随潮流,在充分了解与掌握新媒体特征的基础上积极转变传统教学理念,并将其视作切入点,积极拓展与新媒体时代具体要求及高校学生实际发展需求相符合的途径。灌输和渗透的紧密相连与相辅相成,指的是在教学途径的实践中,除了需要灌输学生知识,还需要选取渗透式教学,高度关注高校学生的积极性与主观创造性,有效融合灌输和渗透。新媒体具备较多显著优势,特别是网络,不仅知识面广泛而且知识体系完备;相对来说,传统高校思政理论课教师都不具备这些优势;而新媒体的应用,则为高校学生的思政理论学习提供了良好的条件,加之在新媒体应用过程中,强化灌输思维与渗透式教学,这无疑促进了高校学生学习成效的大幅度提升。此外,高校思政理论课教师还需要多与学生进行沟通与交流,真正了解与掌握学生心中所想,结合高校学生自身特征与发展实际需求主动纠正与引导学生发展,从而促进高校思政理论课教师教学质量的提升,以及促进高校学生自主学习意识与独立思索能力的提升。

二、堵截与疏导相互渗透

在实际学习过程中,高校学生会产生较多的思潮与思想,面对此种现象高校思政理论课教师需要及时摒弃传统思想观念,强化堵截与疏导的有效融合。高校作为思想摩擦与汇集的重要场所,其重要性不容忽视,而思想的摩擦与汇集对新思想的形成有着潜移默化的影响,新媒体时代背景下,基于新媒体,所有高校学生都认识与接受到了众多思想,所以相对来说,新媒体时代高校学生的思想更加繁杂化,传统思维管制已经不能完全满足这种繁杂化思想的需求及新时期的实际需求,盲目的管制,不仅会增加思想传播的难度,而且会阻碍新媒体优势的充分发挥。因此,堵截与疏导的相互渗透尤为重要,可以转思想多样化为思想多元化,促进思想的合理摩擦、汇集与发展。除此之外,还创新了思政教学模式,推动了高校学生的全面发展,以及为高校文化阵地注入了新的活力。

三、说教与互动相得益彰

高校思政理论课的传统教学模式过于注重教师的地位，教师扮演的角色是知识输出者，学生扮演的角色是知识学习者，双方沟通较少。但新媒体时代背景下，学生获取知识的途径日益丰富，较好地转变了较多知识获取途径格局的单一性，主要涉及网络与电子图书馆等。基于新媒体，一些学生不仅提升了自身思想水平而且提升了自身专业水平，面对此种现象，思政理论课教师难以合理掌控与发挥自身知识威望性，究其缘由，从层次角度而言，部分学生具备的知识与技能已经可以与思政理论课教师相提并论了，甚至有的已经胜过教师，所以教师选取的传统灌输式教学模式，扮演的以教为主的角色已经不能满足现代学生的实际需求，加之学生可以自由获取信息，他们扮演的以接受为主的角色也难以适应现代教学需求，为此，我们需要创新教育模式，即有效融合思政理论课教师和学生之间的沟通与说教，可以说，这就是新媒体时代高校思政理论课教学的重要转变。在实际教学过程中，高校思政理论课教师需要结合实际创建良好和谐的教学环境，鼓励学生主动沟通，创新教学模式，从而更好地促进思政理论课教师思政教学水平的提升。

四、理论与情景有效配合

新媒体时代背景下，高校思政教学观念的转变，除了需要有效融合说教和互动，还需要有效融合理论和情景，一般来说，理论较为抽象、不易理解，而情景可以将理论知识形象化，易于学生学习与理解。所以，理论和情景的有效配合可以提升学生的学习积极性，可以提升思政理论课教学质量与效率。具体来说，高校思政教学过程中，新媒体媒介因其自身特殊优势可以较好地转抽象为情景，在此基础上再使用投影仪，可以为学生创建良好的学习氛围，以感受与体会当事人情感，所以电子课件的合理使用，加深了学生对所学知识的了解，同时促进了知识发展。相对而言，新媒体技术的应用，转传统文字、语言教学为视频、图片教学，不仅为思政理论课教学注入了新的活力，而且拓展了知识面。在实际教学过程中，高校思政理论课教师不再是一个高高在上的教育者身份，而是需要引导学生，且教授理论知识时需要融入情景教学，这样有利于加深学生对知识的理解与记忆，以及有利于知识的继承与发扬。

第四节 构建新媒体教育平台

一、构建新媒体思想文化传播平台

经济全球化的飞速发展尽管在很大程度上提高了我国经济及文化水平，但同时也让我国的高校教育不得不面对外来文化的侵袭。就现阶段我国高校的学生而言，有大多数的学生在思想方面都受到了一定的不良影响，尤其在新媒体被广泛应用的现代社会，受其广泛性、隐秘性等多因素的影响，高校往往不能对网络信息的安全性进行有效的监管。对此，我国高校要想实现对学生思想正确有效的引导，就必须从高校学生的实际情况出发为其构建良好的新媒体思想文化传播平台。

在网络信息技术日渐发展的当今社会，新媒体的应用在高校中呈现出了如日中天的趋势，微信、微博等公众信息传播和交流平台受到了高校学生的广泛欢迎。因此，对这些平台进行充分的利用可以有效向高校学生进行正确思想传播，并帮助高校的思想政治教育完善对学生的引导工作。就以现阶段高校学生中所流行的微信为例来看，作为微信中重要辅助功能的公众平台的构建，其往往能有效实现对正确的思想进行及时的传播，而由于当今微信使用的范围越发的广泛，因此也为其信息传播作用的发挥提供了有力的支撑。高校的思想政治教师在日常的教育教学中则可以充分发挥微信的作用，利用其对相关的知识及正确的思想精神等进行传播，从而更好地促进高校思想政治教育工作的发展。

当然，除了微信之外新媒体中也有其他的一些软件如书籍阅读器等可作为高校思想政治教育的重要平台，这些平台的运用不仅可以对相关的知识内容等进行重组，还能就其中的不足之处进行补充，因此，在提高思想政治教育的质量和效率方面有着至关重要的作用。

二、注重新媒体教育平台的内容建设

（一）建立微博为主的师生互动沟通平台

微博是新媒体发展中所诞生的一种能够对信息内容进行传播的新媒介形

式，对现阶段高校的学生而言微博是被他们所广为喜爱与接收的一种互动交流平台，因此其在高校学生群体中也往往有着非常大的影响力，因此高校的思想政治教师在教学中也可对其进行充分的利用。

第一，各高校可利用微博建立学校的官方平台，在日常的教学生活中对学生进行这一平台的宣传让学生能给予这一平台充分的关注。对高校的学生而言，学校往往承担着对其思想等进行引导的重要任务，因此，我国各高校就应当充分发挥自身的优势对微博进行充分的利用将其作为校园信息发布的重要平台。除此之外，为了提高微博在学校教学管理领域的使用率，学校也应加强在其应用方面的重视，并积极对学校各部门及学生的使用状况进行了解，而这也往往能从侧面反映学生在日常的学习生活中所存在的问题。

第二，我国各高校可以将微博作为学校中的交流工具，以此来对微博的服务功能进行充分的发挥。通过微博，高校可将新闻、公告及相关的资讯信息进行及时的传播。通过相关的实践调查发现，我国现阶段已有部分的高校开通了校园微博公众平台，且校园的相关工作失误、奖惩信息等内容均会通过该平台进行发布，同时学生也可通过该平台向学校提出相关的意见等。

第三，对于高校的思想政治教师学校应给予其充分的鼓励让其将微博融入日常的教学工作中。比如，高校的思想政治教师可以建立一个教学微博，以此来与学生构建更加平等和谐的师生关系，进而通过日常的互动沟通交流来深入了解学生真实的想法，并及时发现和解决学生在日常生活和学习中遇到的困难。除此之外，高校的思想政治教师还可以利用学生感兴趣的视频、图像等内容结合相应的教学资料内容等来进行思想政治的教学。由于微博具有关注共享的功能，因此，高校的思想政治教师也可要求学生与学生之间、学生与教师之间进行相互的关注，这就使得教师帮助一个学生解决问题的时候，其他学生也可通过微博共享看到问题解决的办法，这也在很大程度上拓宽了高校思想政治教育的范围。

第四，针对微博内容编辑的字数限制问题，高校的思想政治教师在教学工作中除了文字之外也可以通过超链接的方式来对完整的信息进行传播。比如在对时政内容的教学中，教师就可以通过超链接的方式附上时政信息的网站等。除此之外，高校的思想政治教师也可以利用微博来与学生对时下相对较为热门的话题进行探讨，并通过探讨来对学生的思想状态进行分析，进而对其进行有效的引导，让其正确地对自身的意见和想法等进行表述。通过这样的方式不仅能有效提升高校学生在学习中对微博的使用兴趣，同时对学生的自我学习能力的提高也有着很大帮助。

第五，高校的微博应针对其关注者的特点而增强其教育性。就我国现阶段各高校官方微博的关注人数调查来看，一直在呈现不断上涨的趋势。对此，高校的思想政治教师在微博的运用中就应当重视微博教育性内容的构建，通过在微博中传播一些具有教育性意义的内容来对学生的思想进行潜移默化的影响，帮助他们树立正确的价值观念。比如，我国某高校就路遇摔倒老人扶是不扶这一问题进行探讨，该校的官方微博平台也对此给出了积极正面的回答，其要求本校的学生在遇到摔倒老人时都能勇敢去扶，而学校会成为你坚实的后盾。

第六，我国各高校也可让知名的教师开通专门的名教授微博，让学生能够直接与知名教师之间进行互动交流，并通过微博来了解教师讲座召开的状态，这对提高高校思想政治教育的时效性往往也有着较大的帮助。

第七，在对微博这一新媒体形式进行运用时，我国各高校还应加强对微博内容的监督与管理。所谓加强对微博内容的监督与管理，实际上就是要保证微博内容的高质量，高校要指派专门的工作人员通过甄选的方式来选择微博的内容，保证微博的内容既能吸引学生，又能对学生进行正确的引导。

（二）建立高校思想政治教育的校园互动网站

在网络信息技术飞速发展的当今社会，互联网络已经成为了应用最为广泛的新媒体形式。而我国高校作为人才培养的重要基地也应顺应这一潮流趋势构建本校的校园互动网站，以此来提高高校校园教学管理的有效性。在新媒体的支撑下，我国各高校可通过在校园网站中的互动来进行信息的传递，而这对学生的思想观念培养也有着重要的影响。对此，我国国家级地方的教育部门都有重视新媒体背景下校园互动网站的建设。

第一，针对学生的思想观念培养，我国高校应建立专门的教育网站、论坛等以在新媒体背景下对学生进行教育培养。对此，高校既可设置独立的教育网站，也可与其他部门之间建立综合型的网站，以充分给予学生更加灵活的互动空间。

第二，校园互动网站的建设要根据学生的实际情况以学生的思想引导为目标为学生提供更加全面的服务。在此基础上，学校的各单位部门也可充分利用这一平台来进行相关信息的发布，比如，教务处可利用这一平台发布相关的教学活动及通知等；团委可利用这一平台发布相关的学生工作等；图书馆可利用这一平台发布相关的书籍增减信息等。此外，学校相关活动的组织、教学讲座的开展等都可利用这一平台加以发布等。

第三，高校的思想政治教师在利用校园互动网站进行相关的学生引导时，网站的构建应充分采用学生所关注的，能对学生产生吸引的内容。且在实际的学生培养中教师与学生之间的互动交流既要保证师生之间的平等性，同时还要保证内容能对学生的思想等产生积极的影响。

第四，要对高校的校园互动网站进行构建与完善还需要有专业的技术作为支撑。因此，高校的思想政治教师要对校园互动网站进行充分运用来对学生进行有效的引导，也必须保证自身拥有专业的知识与技能来更好地对校园互动网站加以运用，并提高思想政治教育的效果。

三、加强对高校新媒体教育平台的监管

高校在借助新媒体平台开展思想政治教育工作时，难免会存在一些问题，一方面与新媒体大环境有关；另一方面也因为我国的法律存在一定的后效性。我国的法律规定主要是用于调整社会关系，大多数情况下只能解决一些已发生的问题，所以具有一定的滞后性，这也导致我国有关网络管理的体制规范尚处于不成熟的阶段。然而，在新媒体技术迅猛发展的今天，虽然相关的法律规定还没有达到理想状态，但高校新媒体教育平台的监管却已构成现实性的问题。在新媒体背景下，高校应主动承担起管辖的职责，凡是在自己职权监管范围内，学校管理部门都应当充分发挥自身的主导性作用，合理利用职权。

作为事业单位，高校依规定享有相应的行政职权，可以自行制定学校内部的一些规章制度，高校应正确行使这份权力，在新媒体环境背景下，不断

完善有关于新媒体教育平台的监管机制,充分发挥内部规章的指导与约束效应。与此同时,高校管理者还应适当利用舆论的社会监督功能,尽可能地调动学生的监督作用,使其能够自由地发表个人观点,指出高校在利用新媒体教育平台开展思政教育工作过程中存在的问题,进而帮助高校管理者更好地把握新媒体背景下,高校教育的发展方向,从而有效促进新媒体教育平台的不断进步与发展,为高校的思政教育工作提供更加优质的服务。

第五节 提高师生运用新媒体的媒介素养

一、提高高校学生的新媒体素养

新媒体背景下,大学生们的受教育状态发生了很大变化,与过去相比,不再是被动地接受教师的知识灌输,而是能够主动地利用新媒体技术搭建起一个不断汲取新知识的学习平台,自主选择自己想要的信息。就现阶段而言,新媒介环境下这种开放式的教学模式给大学生的学习生活带来了一定的积极影响,但也存在着负面的作用。大学生正处于三观形成的重要时期,在面对网络上一些鱼龙混杂的信息时常常感到无所适从,为了进一步增强思政教育工作的有效性,高校管理者应注重提高大学生群体的新媒介素养,培养他们对媒体信息进行判断、甄别的能力。

首先,学校可以开设单独的媒介素养教育课程,邀请专业教师授课,教学内容包括基本概念介绍、新媒体特点、功能、传播规律,等等,旨在提高当代大学生对新媒介的认知及其与政治、经济、文化三者之间的关系,从而有效强化自身的大众传播能力、对负面信息的判断与免疫能力,始终保持正确的观点与立场。

其次,要想提高大学生的媒介素养水平,增强其自我教育意识也很有必要。面对网络上各类信息,大学生应主动加强自我教育与实践,充分发挥自己的主观能动性,熟练掌握媒介素养的基本理论知识,积极参加学校组织的各项实践活动。

二、提高教育工作者的新媒体素养

在如今新媒体的教学环境背景下,高校的思政教育工作者们承担着大学生思想政治意识引导与塑造的重要职责,所以只有教师们具备了足够的媒介素养,才能保证教学工作的高质量展开。新媒体技术的出现打破了以往教育工作者们在教学活动中占据了绝对主导地位的局面,大学生可以利用网络或其他新媒体途径提前获得自己所需信息,这就意味着教师在教学过程中很有可能会遇到听不懂学生说的一些网络上的新鲜词汇,产生沟通障碍,从而给教学活动带来一定的压力。为此,高校思政教育工作者们应时刻注重提高自身的媒介素养水平,熟练掌握各种与新媒体技术相关的教学方法。在新媒体背景下,教育工作者不仅要具备良好的专业素质,还应学会利用新媒体技术开展各项思想政治教学活动。

首先,高校应加强教育工作者媒介素养的培训工作,提高他们的计算机网络应用能力。随着互联网技术的不断深入发展,我们的生活也正逐渐发生着变化。在这个以网络为基本特征的信息化时代里,高校教育工作者应正确认识新媒体技术对教学活动的积极作用,这是开展大学生思政教育工作的必要前提。

其次,教育工作者还应熟悉一些常用的网络新语言。在新媒介作用下,信息传播大多数情况下都是通过网络进行,人们不需要面对面即可随时交换、传递信息,整个过程中双方都不清楚彼此的面部表情、个人情感以及语调等,所以只能依靠文字来判断对方的意图。因此,在新媒体背景下,高校教育工作者们要想让学生充分理解自己的思想观念,有必要先学会他们使用的网络语言,缩短师生之前的距离,保证教学活动更加高效的展开。当然,在学习过程中,教师也应有所取舍,引导学生摒弃一些不良的网络习惯用语,树立正确的思想价值观念。

最后,教育工作者应具备足够的信息素养,做到对网络上的各种信息进行快速收集与处理。新媒体背景下,网络上充斥着各种各样的信息,教育工作者必须对这些信息进行过滤筛选,选择合适的内容引入课堂教学活动当中。同时,教师还应培养自己对网络信息的敏感性,善于从其中提取出健康、积极、有价值的信息,并且将这些正面的网络信息积极地传递给广大学生们,提高他们的政治思想水平。

三、规范管理新媒体的使用行为

新媒体技术不仅为思政教育工作者提供了大量有价值的教学信息，也显著促进了高校教师与学生之间的互动交流，能够使大学生们更加准确地理解教师们的想法，并给予其自主选择的空间，充分体现了教师与学生在教学活动中的平等性与互动性。然而，网络同时也具有高度的开放性与虚拟性，大量的虚假、不良信息掺杂其中，一些不法分子则趁机肆意散播不良信息，对大学生的思想政治教育工作产生了不利的影响，削弱了高校思政教育工作的实际成效。所以，高校应不断完善校内规章体制，将其纳入规范化的管理过程当中。

不可否认，在当代社会背景下，新媒体技术具有传统媒体所不可比拟的诸多优势，但同时也存在着一些不完善之处。高校在利用新媒体技术开展大学生思政教育工作时，要注重相关法律规章制度的建设与完善，以免在使用过程中出现失衡现象。与此同时，还应提高思政教育工作者和大学生在使用新媒体时的自律意识，加强对新媒体的管理。

首先，可以采取一定的技术手段强化校园新媒体的管理。在虚拟隐蔽的网络世界当中，有关部门应加强对信息传播内容的监管，以免不良信息影响到大学生群体的身心健康。同时，高校还应使用防火墙技术第一时间内将不良信息拦截在校园网络体系之外。

其次，学校可适当采取一定的行政或法律手段来加强对新媒体技术的使用管理。例如，对使用新媒体的教师或学生进行详细的登记并录入电脑档案，提倡师生在使用贴吧或微博时尽量使用真实姓名，对于信息传播形成一定的约束效应。

最后，高校可以安排专门的网络管理人员及时搜索并清理校园网络中的不良信息，并根据学校的相关规定执行明确的责任问责制，采取相应的处罚措施，引导大学生正确使用新媒体。

第六节 设置议题增强思想政治教育的针对性

一、通过议题设置掌握舆论导向

新媒体的媒介传播能够吸引大学生主动关注社会热点话题，共同参与到重难点的话题讨论当中，某种意义上说，具有一定的"议程设置"作用。教育工作者在教学过程中通过有倾向性地选择媒介信息，能够不同程度地赋予各种"议题"显著性，令那些充满健康、积极意义的信息快速地被当代大学生理解并接受。通常情况下，高校的思政教育工作者可以利用议题设置这一手段来充分调动学生们在课堂上的学习注意力，有轻重、有计划性地安排问题，间接地形成一种舆论效应，进而达到影响大学生思想观点的根本目的。

首先，高校思政教育课程的议题设置需绝对客观真实并且具有一定的代表性。人类社会生活中每时每刻都会出现新的问题，但并不是所有的问题都适合被拿来作为高校的议题。教育工作者应选取那些与社会实际需求相符合、具有标志性意义的问题，要能吸引学生们的课堂注意力，同时还应当具有启发教育的作用。当思政教育工作者选择的话题与客观实施相违背或相差较大时，会导致议题设置存在虚假不实成分，从而导致学生失去对课题的讨论兴趣，进而也就很难达到想要的教学效果。

其次，思政教育工作者可以选一些大学生普遍关注的热点话题来作为高校思想政治教育的议题。随着新媒体技术的快速发展，微博、微信等在大学生生活中占据了越来越重要的地位，只需通过简单的操作，便可足不出户了解自己所需的信息。高校的教育工作者在教学过程中可以将课本上一些抽象难懂的理论知识内容与实际生活中的热点话题相结合，引导学生运用理性思维进行分析。

最后，教育工作者可以选取学生日常生活中发生事情作为思政教育的议题。由议题设置理论可知，信息传播者在某一特定时期内不断突出强调某一问题，能够有效引起受众的关注。因此，思政教育工作者应注重选取大学生的身边事，激发他们的兴趣与参与积极性。这就要求思想政治教师们应深入了解大学生的思想世界，根据他们的实际需求来设置相应的议题，既准确把握了高校思想政治教育大的方向，也极大地调动了学生的教学参与度，形成良好的互动氛围。例如，可以将与学生切身利益相关的校园选举活动设置为思政教育议题，一方面学生对此类事件较为了解，因而在参与讨论时能够充分表达自己的个人观点；另一方面，学生们的参与程度提高，教师的课堂教学效率也得到了有效提升。

二、建立科学的网络舆情机制

在教学过程中，思想政治教师要随时关注了解学生们对于社会上发生的一些热点事件的看法，了解他们的情感态度。当学生的个人情绪和意见越来越强烈，最后上升到集体态度时，影响了进一步扩大，便形成了所谓的网络舆情。在互联网技术高度发达的今天，许多大学生都习惯于将网络作为自己参与社会生活的主要方式之一，对于热点话题等也都会有自己独特的看法，然而由于网络信息的无限传播且缺乏有效监管，导致网络暴力行为时有发生，对高校的思想政治教育工作也产生了一定的不良影响。因此，思政教育工作者应建立并完善校园网络舆情机制，在新媒体背景下，逐步引导大学生形成积极健康的言论与思维方式。

第一，学校应制定一系列明确的行政措施来解决网络舆情所产生的不良影响，提高高校自身对重大舆情的预警和监控能力。思政教育工作者应以真实、公开为基本原则，积极引导网络舆论朝着正确的方向发展，随时监控大学生网络舆情，建立长效的引导措施，使其规范化并有理有据。

第二，要提高大学生的网络素养，保证网络舆情的透明度与纯洁度。此外，强化大学生的网络安全意识也很有必要，实名制的建立能够有效增强大学生的网络责任意识。

第三，面对一些敏感的话题，思政教育工作者应以积极的态度进行回应。新媒体具有高度的开放性，这也使得一些社会敏感问题在网络上广泛传播着，并形成一定的舆论影响力，高校应密切关注大学生们对于这些舆论热点尤其社会公共敏感事件的态度和看法，深入了解他们的舆论走向，快速作出判断，适时地在网络上发布具有权威性的报道，积极还原真相，促进大学对事件的全面了解。

同时，教育工作者还应将目光投向校园网站、新媒体传播平台的监管，不断加大工作力度，净化校园网络平台。在新媒体背景下，进一步做好大学生网络舆论的引导工作，促进传统媒体与新媒体之间的相互交流，从而有效强化思政教育主题的宣传力度。

总之，作为一名思政教育工作者，在平时的工作过程中要多关注学生，听取他们内心的实际想法并及时进行疏导。教师要正面回应学生提出来的问题，切实提高自己的思想政治教育成效。

三、把握高校新媒体教育的话语权

在如今新媒体的环境背景下，高校传统的思政教育内容和方法已然不能适应现实社会快速发展对大学生提出来的要求，高校思政教育的话语权逐渐被削弱，导致实际教学效果不佳。因此，高校教育工作者们应主动把握新媒体教育的话语权。

第一，要摒弃以往"理论灌输式"的思政教学模式，积极探索师生和谐交流、优化互动的全新的教学模式。随着网络信息技术日新月异的发展，高校思政教育工作者也应及时更新教学理念，开通微博、微信等大学生经常使用的网络交流平台，既能拉近与学生之间的距离，深入了解他们的思想状态、学习需求以及困惑等；同时也便于在第一时间内将相关信息准确地传递给学生们，保证教学活动的高效展开。需要注意的是，教师在与学生进行沟通交流时，应保持平和的心态，给予其足够的耐心与关心，只有这样才能消除教师和学生之间的话语差异权，与大学生的心灵相通。

第二，教育工作者应学会从学生的角度来思考、处理问题，增强教师的话语感召效应。通过换位思考，教师能够真正体会到学生的思想情感，了解他们内心诉求，充分尊重学生的人格，从而在开展教学活动时，也才能更加贴合学生的实际发展需求，使其更加积极主动地接受思政教育工作者的做法。除此之外，教育工作者还可以利用微信、论坛、微博等与大学生进行心灵沟通，帮助他们及时解决学习生活中遇到的困难，赢得学生的信任与喜爱，成为真正意义上的良师益友，只有这样才能充分提高自己的教育话语权，在开展教学活动时，也才更加富有感召力。

第三，高校应重视大学生的个性化发展，促进其个人价值的实现。在这个信息开放、人人追求自由平等的网络时代里，大学生十分渴望实现自己的人生价值。因此，思政教育工作者要尤为注重大学生综合素质的全面发展。在新媒体背景下，高校在开展思想政治教育活动时既要体现社会主义核心价值，也要考虑学生的个人价值，重视其个人能力的形成与发展。为此，高校教育工作者可以借助各种新媒体平台与大学生实现零距离沟通，了解他们的实际需求、性格特点等，帮助他们解决各种难题。针对网络上信息良莠不齐，极易对大学生造成不良影响，思政教育工作者应提高大学生理性选择与明辨是非的能力，为其创造出良好的环境资源，促进大学生自主学习与个人价值观的实现，不仅可以有效拉近师生距离，还能进一步巩固教师在思想政治教育活动中的话语权。

第七节 强化新媒体教育建设与管理

一、整合高校学生思政教育工作相关资源

由于高校思政教育环境较为复杂多变，所以无论从何种角度而言，都具有丰富的、多样的教学资源。随着信息技术的迅猛发展以及新媒体技术的及时更新，高校思政教育形式也逐渐增多，进一步提高教学资源的参考范围。第一，必须强化对高校思政教育有关媒体资源的集中整合与管理。在高校传统思政教育过程中，课堂教学、校报推广以及社团活动等成为主要形式，但近些年来网络的普及与应用，逐步成为电视、广播和报纸的有效延伸。所以，高校思政教育者应当将动画、音频等新媒体与学校宣传栏、广播和校报等传统媒体进行有机结合，突破原先各自为政的分离状态，实现相互融合与互补，从而进一步增强思政教育的针对性，同时也提高了大学生的主动性和积极性。第二，必须要求高校思政教育者对某些重要信息进行分类与整合。针对不同价值的教育信息，应选用适合的传播载体，务必实现统筹兼顾、扬长避短。这也就意味着高校思政教育者应对不同传播信息进行归纳和总结。比如，高校可以利用校园广播来传递时下大学生感兴趣的影视新闻、体育赛事等诸多

动态信息；通过搭建校园网站，以丰富的内容、便捷的操作、多变的形式来俘获大学生的"芳心"。而校报主要刊登学生优秀文章、名家名篇、校外稿件等，有时也可增加深度时评，用来启迪大学生。所以，对部分重要信息及资源，高校思政教育者应选择那些学生容易接受的、接受面宽泛的传播平台，不断增强教育实效。总而言之，我国高校思政教育者需以社会主义价值观体系为前提，促进校园文化建设，通过对新媒体与传统媒体进行整合，举办富有高校特色、影响力较强的传承性活动，分类管理高校思政教育资源，以此增强其有效性与针对性。

二、完善高校学生思政教育信息监控机制

网络具有一定的开放性及虚拟性，通常不会受到国界或地域的制约。互联网信息不仅数量种类繁多，而且内容也是非常精彩而多样的。正如驾驶员需要通过多个交通路段才能到达终点，同时又要遵循交通规则一般，高校学生运用网络进行深度搜索和搜索信息，也应经过一些道路，并严格遵守相应的规则。在高校学生思政教育工作过程中，必须侧重对学生"网络交通道路"进行系统监管，确保思政教育的规范性和有效性。第一，思政教育者应充分利用技术手段，不断扩大高校网络安全监管力度。众所周知，校园网络不仅增强校内外之间的联系，而且也是高校学生通向外界环境的重要渠道。所以，各大高校务必做好网络连接出口工作，努力优化网络技术，不断改进校园网络服务器，认真识别与校园网络相接入的社会性网站，强制关闭不健康的网站通道，利用技术手段过滤网络信息。第二，应落实制度建设工作，规范大学生的上网行为，监管信息传播。我国高等教育委员机构认为，所有高校一律遵循"谁主管、主办，就必须谁负责"原则，将网络监督置于首要位置，彻底删除不良信息。在新媒体背景之下，应规范校园网络监督工作，增强其监管力度，并且将责任义务细分到各级院系，从而逐渐提升高校思政教育的有效性。

三、构建新媒体背景下高校学生思政教育评价系统

在当前新媒体环境下，结合高校思政教育对象的实际状况，以及社会对于大学生思政教育所提出的具体要求，采用测量估算法和统计分析法，深入

探究高校学生思政教育的针对性和有效性，进而充分发挥思政教育的整体效用，切实促进思政教育的可持续发展。除此之外，在新媒体时代，高校思政教育主客体双方也发生巨大的变化，相比较传统思政教育主体，网络世界里的思政教育主体及其内涵都存在着深刻变化，思政教师应充分认识到这一点，并加快适应这样的变化，从而成为推进网络思政教育发展的崭新起点。在此背景之下，思政教育评价也有着重要影响，而高校思政教育主体的多元化决定其评价主体的多样性。一般来说，高校思政教育评估可分为三大部分，即评价标准、效果反馈以及政策推动。值得注意的是，对教育主体、效果等的评价标准应处于整个思政教育评价的核心地位，其主要涵盖了高校学生思政教育状况、社会实践、师资队伍建设、在校表现、管理机制、教学水平等诸多方面。本书设计了一些评价标准，以此进一步强化高校学生思政教育的规范性、科学性、针对性和有效性等。

在新媒体背景之下，制定高校思政教育评价标准，不仅有利于提高思政教育质量和水平，指明了高校学生思政教育工作方向，而且也有利于促进思政教育实践活动的顺利开展，切实增强思政教育的规范性、持续性和有效性，同时也推动了大学生心理健康发展。

第七章 新媒体时代下优化高校思想政治教学内容

第一节 拓展思想政治教育内容

一、加强大学生科学素养的培养

科学素养是人才的基本素养,是其他素养产生和建立的基础。科学素养一词译自英文 scientific literacy,可以直译为"有系统的辨认",因而素养不同于素质,素质是人们应该具有和已经具有的素养,是人的能力结构的静态肯定;而素养更强调后天修习涵养的作用,即学习提高的重要性,加入人的能力结构的动态性。但是,关于科学素养的内涵确定,直至今日也没有实现统一。在世界范围内,由于人们接受教育的程度不同,社会信息的流动和接收程度不同,获得科学信息的手段和持续发展能力不同,人们的科学素养的内容和程度也有所不同。但是,总体来说,科学素养的内涵主要涉及以下三个部分:科学术语和科学基本观点、科学的探究过程、科学对个人和社会的影响。

科学基本素养包括科学基本词语和科学基本原理素养,这是科学素养的基础和范式表现,它在整个科学素养中发挥着基础作用和工具作用。其中,词语是科学素养概念的高度概括,它直接表示着科学素养内容的基础知识。掌握了科学素养词语,就等于在宏观的角度具有了科学素养。而且,由于词语是内容的浓缩,又是人们进一步提高科学素养的工具,离开了这个工具,就无法打开科学素养的知识大门,就无法构建科学素养的能力体系;原理是科学素养核心内容的高度概括,它直接宣示了科学素养的能力体系内容。掌握了原理,就掌握了科学素养的逻辑结构与核心精神,具备了科学素养的真正底蕴。因此，高校首先要注重对学生进行科学素养的基础知识教育，包括科学素养的基本概念、历史发展、基本理论以及逻辑工具知识的教育。这是科学素养构建的开始。没有这个"开始"，就不会有后来的"过程"和"结果"。

除了科学基本素养外，科学伦理素养即科学道德素养也是今天我们必须要关注的一个问题，科学伦理是指科技创新活动中人与社会、人与自然和人与人关系的思想与行为准则，它规定了科技工作者及其共同体应恪守的价值观念、社会责任和行为规范。科技伦理规范是观念和道德的规范。它要规范什么呢？简单地说，就是从观念和道德层面上规范人们从事科技活动的行为准则，其核心问题是使之不损害人类的生存条件（环境）和生命健康，保障人类的切身利益，促进人类社会的可持续发展。

随着社会的发展，科学技术的更新速度越来越快，在社会发展中所起到的作用也是越来越大，人们常说"科技是推动社会发展的第一生产力"，因而它也就承担着建设物质文明和精神文明的重要社会行为，这就使得科学技术必须要承担社会责任和道德责任。从这点来说，在科技活动中遵守伦理规范是社会发展的需要，一切不符合伦理道德的科技活动必将遭到人们的异议、反对，被送上道德法庭甚至受到法律的制裁。在科技发展和科技活动中，必须重视伦理规范，以弘扬科技的正面效益，扼制其负面影响，更好地为人类造福。

在授课的过程中，思政教师首先要讲清楚"科学技术是第一生产力"。马克思根据当时的生产力发展水平，提出了科学技术是生产力的一部分、生产力中包含科学的论断，强调科学技术是生产力和社会发展的强大动力。我国历届领导人都非常重视科学技术在国家经济社会发展中的地位和作用，并在科学技术和社会发展实践中丰富和发展了科学技术是生产力的理论。其次，思政教师要在课程中讲清楚科学与伦理的关系。历史上关于科学技术与伦理道德关系的理论研究，主要有以下四种观点：一是科学技术与伦理道德等同论；二是科学技术与伦理道德相斥论；三是科学技术与伦理道德无关论；四是科学技术与伦理道德善恶并进论。

当我们运用马克思主义科学技术观和辩证唯物主义原理，分析科学技术与伦理道德之间的关系，我们看到两者之间既不是等同的，又不是相斥的，更不是不相干的。科学知识是对客观世界及其规律的正确反映，而道德作为人们行为规范和准则，是对人与人之间伦理关系的反映。它们分属于不同的认识领域，因而社会作用不同。科学用于指导人们改造世界的实践活动，而道德用于调节人与人之间的社会关系。但两者又是密切联系的，都是对客观实际的正确反映，统一于真善美的追求之中；科学技术与伦理道德也是辩证统一的，从根本上来说，科学技术的发展是人类社会发展的重要推动力，对于伦理道德的发展也是同样具有革命意义的推动力量，表现为科学技术的发展，决定了人类道德前进的基本趋势，促进了新的道德规范的形成，深化了人们的道德认识、更新了人们的道德观念等。同时，进步的社会伦理道德，对科学技术的发展也发挥了重要的精神动力和文化支撑作用。两者相互制约、相互作用，推动社会向前发展。

二、关注大学生信息素养的培养

将信息素养引入高校思想政治教育中，既适应了教育信息化的需要，又有利于克服大学生自身发展和思想政治教育本身的缺陷，是新媒体时代高校思想政治教育内容结构优化的一项重要内容。对大学生进行信息素养教育，就是要指导他们正确理解传媒及其信息，建设性地享用媒体传播资源，培养健康的媒介解读和批判能力，使其能够在多元的媒体环境中，充分合理利用网络资源完善自我、参与社会发展。

思政教师在讲授"网络生活中的道德要求"时，要强调三个方面的信息素养的教育内容：一是信息解读教育。信息时代的特点，就是每一天人们都要面临海量的信息和"数字海啸"，因而思政教师要通过典型案例展示和剖析，让大学生学会分析、解读信息，理性辨别信息的真实性与社会现实性，获取有效信息，过滤无效信息和有害信息。告诉学生不要盲目传播有害信息。二要加强网络法律素养教育。增强大学生的法律意识，恪守现有的法律法规。做到诚实无欺，不侮辱、诽谤他人，更不能参与网络非法活动，引导学生成为一定范围内的"舆论领袖"和正面信息的传播者。三要加强信息伦理教育。网络是一把双刃剑，很可能会出现因为使用不当和缺乏规范而损害社会公德和妨碍社会发展的问题。因此，网络的健康发展不仅需要高科技作为重要条件，而且离不开伦理道德作为其发展的支撑力量。思政教师要树立"把关人"的理念，为网络的净化、健康化担负起应尽的社会责任。

网络的开放性使得文化和价值观各异的人们参与到网络中来，一系列其他新的社会问题诸如网络犯罪、网络病毒、网络黑客、垃圾邮件、网络安全、信息垄断、网上知识产权，以及利用信息网络进行恐怖活动和发动信息战争、危害社会公共利益和威胁国家安全等问题随之产生，这些都引发了计算机网络技术与信息伦理的激烈冲突，因而要加强学生信息伦理的培养。

信息伦理的特征包括行为约束的自控性、评判标准的规范性、道德主体的自律性、承受对象的全球性。目前，信息伦理问题主要表现为信息犯罪、隐私权受扰、知识产权受损、信息垄断、信息安全、信息污染等。信息伦理是一种软性的社会控制手段，它的实施依赖于人们的自主性和自觉性。这种自主性和自觉性是维护网络道德规范的基本保障。大学生要在网络生活中培养自律精神，在缺少外在监督的网络空间里也可以做到自律而不逾越，这才是构筑信息安全的第一道防线。

相关专家指出，新形势下要构建信息伦理，必须在四个方面有所突破，这也是思政教师在课程教学中要努力做到的几各方面：一是提高公民的信息伦理意识；二是制定出清晰的信息伦理准则；三是超前预示各类信息伦理问题；四是进行信息立法，互补信息伦理。

三、提升媒介素养教育，丰富其内容结构

加强媒体素养教育，是新媒体时代高校思想政治教育内容结构优化的一项重要内容。媒介文化已经把传播和文化凝聚成一个动力学的过程，将每一个人都裹挟其中。新媒体以其强大的辐射力影响着人们的生存方式，对现代文化的塑造和人们价值观念的形成起到不可估量的作用。在今天，加强媒体素养教育，不仅是一种知识教育，也是一种技能、一种思维方法教育，是现代公民必备的基本素质。

当前，在高校思想政治教育内容结构中突出媒体素养教育，是由新媒体时代大学生的生存现状提出的要求。作为网民中数量最庞大的群体的大学生，

因为其知识结构的不完善、心理发展水平出现偏差以及阅读能力、社会阅历、情感特征的局限等诸多因素，导致他们缺乏辨别网络信息真伪的能力，无法准确地解读网上信息，从而容易受到负面信息的误导。

对大学生进行媒体素养教育，就是要指导他们正确理解传媒及其信息，建设性地享用媒体传播资源，培养健康的媒介解读和批判能力，使其能够在多元的媒体环境中，充分合理利用媒体资源完善自我、参与社会发展。在内容结构上，要突出三个方面的媒介素养教育内容：一是媒介解读教育，通过典型案例展示和剖析，让大学生学会分析、解读信息，理性辨别媒介真实与社会现实，不盲目传播有害信息；二要加强网络法律素养教育，增强大学生的法律意识，恪守现有的法律法规，为能成为一定范围内的"舆论领袖"和正面信息的传播者创造条件；三要加强网络伦理教育，树立"把关人"的理念，为网络的净化、健康化担负起应尽的社会责任。

第二节 突出政治教育的主导性内容

高校思想政治教育的内容丰富，其中，政治教育居于主导地位，起着决定和支配的作用，决定着思想政治教育的方向和性质，影响和制约着思想政治教育的其他内容，是思想政治教育的核心内容与灵魂。政治教育主要是进行政治理想、政治信念、政治方向、政治立场、政治观点、政治情感、政治方法、政治纪律等方面的教育，重点是解决对国家、阶级、社会制度等重大政治问题的立场和态度。政治教育体现了思想政治教育的根本属性，是教育的重要组成部分，它既为党的政治路线所制约，又为党的纲领、路线服务，具有鲜明的政治性。政治教育贯穿思想政治教育的始终，对思想政治教育过程和其他思想政治教育内容起指导和支配作用，指引思想政治教育沿着正确的方向发展。

当前，面对复杂的国际国内形势，我国高校思想政治教育工作面临的主要任务是，以政治教育为主导，加强社会主义、爱国主义和集体主义教育，帮助学生自觉树立正确的政治观，增强国家归属感和社会责任感。在对待坚持什么样的指导思想、举什么旗帜、走什么道路、依靠谁来领导等诸多政治问题上，真正"讲政治"，坚持中国特色社会主义不动摇。

　　旗帜决定方向，道路决定命运。我们党的旗帜是马克思主义，我们党的道路是中国特色社会主义。新媒体时代，面对多元文化，尤其要坚持社会主义制度自信，防止受到"主流意识形态"的多元化影响。进行政治教育层面的创新，必须更加自觉地把全面协调可持续作为深入贯彻落实科学发展观的基本要求，全面落实"五位一体"（经济建设、政治建设、文化建设、社会建设、生态文明建设）社会主义事业总体布局和"四个全面"战略布局，促进现代化建设各方面相协调，增强坚持中国特色社会主义的"四个自信"（道路自信、理论自信、制度自信、文化自信）。

第三节 优化思想政治理论课教学内容

一、强调社会主义核心价值观教育

　　价值观是人类在认识、改造自然和社会的过程中产生与发挥作用的。核心价值观承载着一个民族、一个国家的精神追求，体现着一个社会评判是非曲直的价值标准。

　　社会主义核心价值观既是个人的德，也是国家、社会的大德。大学生积极培育和践行社会主义核心价值观，对于推动国家发展、社会进步和自身的成长成才，具有重要而深远的意义。具体来说富强、民主、文明、和谐是国家层面的价值要求，回答了我们要建设什么样的国家的重大问题，揭示了当代中国在经济发展、政治文明、文化繁荣、社会进步等方面的价值目标，从国家层面标注了社会主义核心价值观的时代刻度；自由、平等、公正、法治是社会层面的价值要求，回答了我们要建设什么样的社会的重大问题，与国家治理体系的治理能力现代化的要求相契合，明确了每个会社成员应共同遵守和践行的价值标准；爱国、敬业、诚信、友善是公民层面的价值要求，回答了我们要培育什么样的公民的重大问题，涵盖了社会公德、职业道德、家庭美德、个人品德等方面。在教学过程中要准确把握基本内容、精神实质、重大意义和实践要求。

二、加强大学生人文素养的培养

新媒体时代，是一个信息膨胀的时代。新媒体的迅猛发展及快餐时代的到来，使传统的人伦关系和人际道德面临着非常严峻的挑战。就文化层面来看，在文化多样化的发展大趋势下，包括中国在内的各国传统文化的生存和发展在不同程度上受到了挑战，从而给文化素质教育的根基带来冲击。优化新媒体时代高校思想政治教育内容结构，必须大力继承和弘扬中国思想道德教育的优良传统。

当代大学生要正确借鉴和吸收世界思想道德教育的优秀成果，赋予所继承内容以时代内涵，使之具有时代价值；赋予借鉴国外思想道德教育内容以中华民族底蕴，使之具有中华民族文化特色，增强大学生的人文素质，弘扬民族精神。

由于一些高校存在着技术主义和功利主义的价值取向，一些高校单纯注重学生操作技能的训练，片面强调专业技能的培养，仅仅满足于让学生获得从事某个职业所需的实际知识和技能，而对于培养学生独立人格、健全心理，以及较强的创新精神和社会适应能力的人文教育重视不够，对学生的人文知识教育、人文精神培养没有给予应有的重视。

科学素养在改造客观世界方面是一支不可缺少的工具性力量。但是，它不能自动地发挥作用，必须通过其载体、通过"活化"的人，以目的性作为方式作用于客观世界。因此，人们如何去发生科学、运作科学就变得十分重要了。人们在树立科学素养的同时，还要建立良性的人文科学。

所谓人文，是指以人为对象的文化能力和科学能力；所谓素养，则是人的能力要素和精神要素的有机统一。因此，人文素养就是人文科学的研究能力、知识水平和人文科学体现出来的以人为对象、以人为中心的精神——人的内在品质。与素质不同的是，人文素养的灵魂，不是"能力"，而是以人为对象、以人为中心的精神，其核心内容是对人类生存意义和价值的关怀，这就是"人文精神"。这其实是一种为人处世的基本的"德行""价值观"和"人生哲学"，科学精神、艺术精神和道德精神均包含其中。它追求人生和社会的美好境界，推崇人的感性和情感，看重人的想象性和生活的多样化。

主张思想自由和个性解放是它的鲜明标志，它以人的价值、人的感受、人的尊严为万物的尺度，以人来对抗神，对抗任何试图凌驾于人的教义、理论、观念，对抗所有屈人心身的任何神圣。总之，它强调的是人，以人为中心，强调人对其他素养的养成和运用。

人文教育的缺失，必将导致我们培养出来的学生普遍"有知识缺文化"，"有智商缺人性"，"有教育缺教养"，个别人甚至会成为一种"不晓常理、精神空虚"的有知识的"文盲、美盲和法盲"。这不能不说是我们高职教育的一大隐患和危机，应该引起我们教育工作者的高度重视。

我们需要的人才是德智体全面和谐发展的人才，具有创新精神且能与时俱进的人才，他们应该是科学素养和人文素养得以充分且均衡发展，具有专业技术和完善人格的人，而一个没有人文素养的"科技人"，不仅不会给人类带来福祉，反而有可能带来祸害。就此意义上讲，越是科技发达的社会，人文教育越显得重要。因此，高职教育必须是人文精神与科学精神高度结合的教育，缺一不可，这是现代教育的真谛所在。

三、加强公民道德教育

在现代社会中，道德由一定社会的经济基础决定，并为一定的社会经济基础服务，是人们在社会实践中以善恶为评价标准，依靠自身的内心信念、社会舆论、传统习惯来调整个人之间以及个人与社会之间利益关系的行为规范的总和。道德素质是个人在先天素质的基础上通过后天接受道德教育和自身道德修养所形成的相对稳定的、内化为个人内心信念的道德品质。

高校道德教育是我国高等教育中提高大学生综合素质的一项基础性工程，也是我国大学生道德教育的基础性内容，是加强和改进大学生思想政治教育的主要任务之一。道德素质是民族精神的重要内容，道德水平是社会文明程度的重要标志，高尚的道德是凝聚和激励全国各族人民团结奋斗的重要力量。一名合格的大学生，必须具备良好的道德情操和道德修养，能够自觉遵守道德规范，进行道德自律。这是大学生适应社会的基本要求，是大学生自我发展和完善的客观需要，也是大学生成长为中国特色社会主义事业建设者和接班人的必然要求。

大学生所处的年龄段正是世界观、人生观、价值观形成的重要时期，也是良好的道德品质、行为习惯和健全人格形成的重要时期。在这个时期形成的思想道德观念对他们一生的影响很大。以基本道德规范为基础，深入进行公民道德教育，对于帮助和促进大学生形成良好的道德素质和道德修养具有重要的意义。

要引导大学生认真学习贯彻《公民道德建设实施纲要》，广泛开展社会公德、职业道德和家庭美德教育，积极开展道德实践活动，把道德实践活动融入大学生学习生活之中，引导大学生自觉遵守爱国守法、明礼诚信、团结友善、勤俭自强、敬业奉献的基本道德规范，养成良好的道德品质和文明行为。

要加强对大学生进行为人民服务思想的教育，深化对为人民服务思想的认识，积极探讨为人民服务的实现形式，从大学生的现实思想觉悟和实际道德水平出发，教育、引导大学生不断地追求更高的道德目标。

要引导大学生深刻领会集体主义精神，正确认识和处理集体和个人的利益关系，提倡个人利益服从集体利益、局部利益服从整体利益、当前利益服从长远利益，把个人的理想与奋斗融入广大人民的共同理想和奋斗之中，在为社会奉献中体现自己的价值。

要加强法制教育和诚信教育，增强大学生的法律意识和守信意识，使大学生提高守法守规的自觉性，认识诚实守信的品德是立身之本、做人之道，树立守信为荣、失信可耻的道德观念，讲诚信，讲道德，言必信，行必果。

要充分利用我国人民在长期社会实践中孕育的传统美德和我国五千年文化史积累的丰富的思想材料，按照古为今用、去粗取精的要求，熏陶和教育大学生。

在大学生中深入进行以基本道德规范为基础的公民道德教育，必须充分发挥学校道德教育主阵地的作用。高校要把教书与育人紧密结合起来，把道德教育渗透到学校教育各个环节；要结合大学生的年龄特点和文化层次，开展丰富多彩的学习教育活动和社会实践活动，使大学生在社会实践中形成道德理念，强化道德素质，升华道德境界；要引导大学生遵守日常行为规范，从身边的事情做起，从具体的事情做起，着力培养良好的道德品质和文明行为。

对大学生进行公民道德教育还是一项系统工程，需要全社会的共同努力。因此，要开拓社会、家庭德育资源，优化社会环境，使家庭、学校和社会在道德教育方面各有侧重，各有特点，紧密配合，相互促进，从而形成功能互补的机制合力，帮助和促进大学生形成良好的道德情操和道德修养。

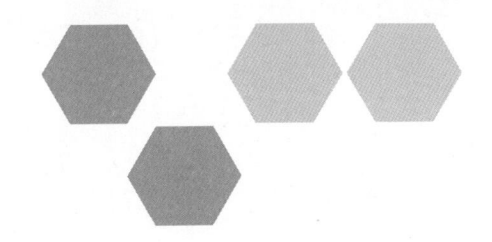

第八章 新媒体时代下优化高校思想政治教学模式

第一节 高校思想政治理论课教育教学改革

一、高校思想政治理论课教学改革的必要性

（一）高校思想政治理论课教学改革面临的机遇

21世纪初，高校思想政治理论课主要面临着知识经济迅速发展所带来的超前性机遇、科教兴国战略和人才强国战略及创新驱动发展战略所带来的导向性机遇，以及全面推进高等教育改革和发展所带来的历史性机遇等。

1. 知识经济迅速发展所带来的超前性机遇

知识经济是以知识为基础的经济，是一种新型的富有生命力的经济形态。它是与农业经济、工业经济相对应的一个概念。知识经济中的"知识"，实际上是一个已经拓展的概念。它包括：①知道是什么的知识，它是指关于事实方面的知识。②知道为什么的知识，它是指原理和规律方面的知识。③知道怎么做的知识，它是指操作的能力，包括技术、技能、技巧和诀窍，等等。④知道是谁的知识，是指对社会关系的认识，以便可能接触有关专家并有效地利用他们的知识，也就是关于管理的知识和能力。由此可知，创新是知识经济发展的动力，教育、文化和研究开发是知识经济的先导产业，是知识经济时代最主要的部门；知识和高素质的人力资源、人才资源是最为重要的资源。高校想适应时代要求，必须吸纳先进的教育理念，不断推进办学模式和人才培养模式的改革。这是因为，一方面，不同学科领域的知识相互交织，并构成全球网络。传统的课堂教学受到挑战，大学生对教师的依赖性有所减少，他们可在网络上的"模拟大学"里学习，在"电子教室"里和"电子黑板"

上上课，这种新型教育模式已悄然而至。另一方面，学生是学校生存与发展的决定性力量，知识经济呼唤人才的个性和特色，千人一面、千篇一律的标准化培养模式受到挑战。只有不断创新的知识、思想和科学技术，才能满足知识经济对我国高等教育从精英教育阶段向大众化教育阶段发展的要求。

2.科教兴国战略、人才强国战略与创新驱动发展战略所带来的导向性机遇

21世纪将是教育的世纪。一方面，教育与社会将更加紧密结合，促进教育的大发展；另一方面，教育将更加注重质量和人才素质，教育将在时间和空间上进一步拓展，教育的竞争也将更加激烈。科教兴国战略、人才强国战略与创新驱动发展战略的提出，深刻反映了我们党对教育所处历史方位的科学把握，以及对高校思想政治理论课教学的政策导向。

实施科教兴国战略和人才强国战略与创新驱动发展战略所带来的导向性机遇，在转变教育观念、深化教育教学改革的同时，人才培养的方向性成为"培养什么样的人"的基本诉求。高校思想政治理论课的地位和作用进一步凸显，这与其双重功能即理论教育功能和思想政治教育功能密切相关。21世纪初，就世界范围而言，各种社会思潮极为活跃，各种观念相互碰撞，不同文化相互激荡。社会主义大学作为育人的重要场所，必须高举中国特色社会主义伟大旗帜，牢牢把握马克思主义在意识形态领域的主导权，从而在高校内部形成更加强大的凝聚力，对社会形成更加广泛的影响力。因此，必须大力弘扬时代精神、爱国精神、科学精神、人文精神，发展社会主义先进文化，培育和践行社会主义核心价值观，充实和创新高校思想政治理论课教育教学内容。这就涉及政治意识导引问题。如何结合所处时期的世情和国情特点，适时地改进政治意识导引方法，在潜移默化中放大执政党和政府所要导引的主导政治意识蓝本，获得当代大学生的共鸣，是世界各国执政党和政府的主要工作之一。而高校思想政治理论课教学改革则是改善政治意识导引方法的重要内容。这是因为，高校思想政治理论课教学的对象是当代大学生这一特殊青年群体，他们的成长、成才关系到国家的政治稳定和政治发展，影响着国家的经济社会发展环境和前景，也是国家和民族的希望与未来。

（二）高校思想政治理论课教学改革面临的挑战

1. 社会主义市场经济的新特点对高校思想政治理论课的挑战

生产关系同生产力、上层建筑同经济基础相适应，经济社会持续健康发展，其中，经济体制改革起着重要的牵引作用。在相当长的一个时期内，经济体制改革的核心问题都是如何处理好政府和市场的关系，如何使市场在资源配置中起决定性作用和更好地发挥政府作用问题。市场决定资源配置是市场经济的一般规律，健全社会主义市场经济体制必须遵循这条规律，着力解决市场体系不完善、政府干预过多和监管不到位问题具体地说，就是使经济活动遵循价值规律要求，适应供求关系的变化；通过价格杠杆和竞争机制的功能，把资源配置到效益较好的环节中去，并给企业以压力和动力，实现优胜劣汰；运用市场对各种经济信号比较灵敏的优点，促进生产和需求的及时协调；针对市场自身的弱点和消极方面，国家对市场进行有效的宏观调控。马克思主义是科学，它始终严格地以客观事实为根据。而实践又总是在不停的发展中，马克思主义是随着时代、实践和科学的发展而不断发展的，不可能一成不变。马克思主义与时俱进的理论品质，要求高校思想政治理论课把社会主义现代化建设探索中出现的重大理论与现实问题引入课堂，引导大学生正确认识当今中国正在发生的广泛而深刻的变革，使大学生在学习、研讨的过程中逐渐接受马克思主义，确立起对马克思主义的信仰，把自己培养为中国特色社会主义事业的合格建设者和可靠接班人；否则，就会因为没有正确的理论基础和思想灵魂而迷失方向。

2. 国际形势和世界格局的新特点对高校思想政治理论课的挑战

经济全球化迅猛发展，科技革命日新月异，世界各国的竞争越来越表现为以经济和科技为主的综合国力的竞争。在21世纪初的今天，必须用新视野和新思路推进高校思想政治理论课教学改革，正确认识和处理高校思想政治理论课教学与当代大学生成长、成才的关系，高校思想政治理论课教学与世界观、人生观、价值观教育的关系，高校思想政治理论课教学与社会主义道德观、法律观教育的关系，高校思想政治理论课教学与中国特色社会主义理论和实践的关系，等等，化解种种挑战，并取得新的进展和实效。

二、高校思想政治理论课教学改革的对策

（一）高校思想政治理论课教学改革存在的主要问题

1. 高校思想政治理论课地位偏低

从中央到地方以及高校各级领导和任课教师，普遍提高了对高校思想政治理论课的认识和重视程度。但是，在涉及诸如人力资源配、职称评定和聘任、经费支持甚至课程安排等具体问题时，仍然存在不少问题和难题，从而表现出思想政治理论课地位偏低的倾向。有些高校尽管制定了关于加强和改进思想政治理论课教学工作的文件，出台了不少保障措施，但真正落到实处且持之以恒并非易事。

从高校领导层面来看，囿于学校定位，有人认为思想政治理论课不是学校的主流课程，对学校提升层次和水平、打造知名度和影响力不会产生太大的影响，因此不必投入过多的精力来研究解决思想政治理论课建设问题，从而不同程度地存在着表面重视、实际不重视的现象。譬如，不少高校对思想政治理论课建设经费投入偏少，教师特别是青年教师参加各种教研和科研活动以及课题立项和申报奖项的机会偏少，导致一些教师挂靠在相关专业院系从事其他学科领域研究，而不是把主要精力用在马克思主义理论研究领域，难以做到尽职尽责。思想政治理论课教师与专业课教师相比，职称晋升相对缓慢，教授人员比例、高层级教授比例偏低。少数高校思想政治理论课不仅不能优先排课，甚至做不到与专业课一样随机排课，而是把思想政治理论课排课时间段集中在下午和晚上。

从教师层面来看，部分教师缺乏崇高的专业理想和专业道德，对思想政治理论课的地位、作用、功能心存疑虑，不能从系统的、全局的、宏观的、发展的角度去认识思想政治理论课教学工作的重要性。有些专业课教师对思想政治理论课教学缺乏正确认识，在专业教学中甚至有意无意地消解思想政治理论课的功能和作用。所有这些，都不同程度地制约着思想政治理论课主渠道、主阵地、主课堂作用的发挥。

2. 高校思想政治理论课教学目标定位不当

高校开设任何一门课程，首先要明确课程的教学目标。高校思想政治理

论课的开设，同样存在进一步明确教学目标的问题。我国高校思想政治理论课课程设置实行党和国家全面干预、统一规定的方式，有相应的统编教材、参考书及统一的课时规定。这对帮助大学生树立正确的世界观、人生观和价值观，弘扬和培育时代精神、民族精神，提高思想道德素养，最终引导大学生成为有理想、有道德、有文化、有纪律的社会主义新人，奠定了坚实的理论基础和制度保证。由此可知，高校思想政治理论课的教学目标就是要承担提高大学生理论素质和思想政治素质的任务。

但是，目前很多高校思想政治理论课教学实际与党和国家规定的教学目标之间存在着一定的差距。在现实的教学过程中，提高大学生理论素质和思想政治素质并没有真正成为所有高校思想政治理论课的教学目标。有的高校思想政治理论课教师只是为完成学校安排的工作特别是教学工作量、保证课时费而上课；有的高校思想政治理论课教师甚至把每周本应分散完成的教学工作集中在一两天完成；有的学生或者为考试成绩和规定的学业学分，或者为准备参加硕士研究生政治理论课入学考试而上课；有些高校的教务部门和教学督导也没有把思想政治理论课与提高学生理论素质和思想政治素质相联系，而只是作为一般性课程来管理。这就不同程度地出现了党和国家开设高校思想政治理论课的目标与教师、学生、教务部门等教学活动和监督管理活动的主体之间的认识的偏移和错位，是高校思想政治理论课教学中普遍存在的问题。

（二）深化高校思想政治理论课教学改革的对策

增强高校思想政治理论课的实效性与吸引力是一项长期的工作任务，这也是用科学理论武装大学生的首要问题。因此，推进高校思想政治理论课教学改革，就必须首先牢牢把握高校思想政治理论课建设的基本要求。在地位作用上，要进一步强调高校思想政治理论课是中国特色社会主义大学的本质体现，是引导大学生树立正确的世界观、人生观、价值观的重要途径。在工作思路上，要进一步强调以师资队伍建设为关键，以教材建设和学科建设为支撑，以教学方法改革为突破口，以宏观指导为保证，全面加强和改进高校思政理论课建设。在教学内容上，要进一步强调坚持用马克思主义中国化最新成果武装大学生，深入开展社会主义核心价值体系和社会主义核心价值观教育，帮助大学生树立正确的理想信念，坚定走中国特色社会主义道路的决心和信心。在教学方法上，进一步强调要以学生为本，积极探索符合教育教学规律和学生学习特点的教育方法和教学模式，充分调动学生学习的积极性和主动性，增强思想政治理论课的亲和力、吸引力和感染力；学生有兴趣、有积极性，愿意学，是改善教学状况的主要的方面；反之，学生没有自主性，教学效果就很难体现出来。在教学与科研的关系上，要进一步加强对马克思主义理论学科和思想政治理论课建设的政策引导与支持，从学科建设的高度对待教学，从教学需要的角度强化科学研究，以教学中遇到的重要问题为切入点，加快推进学科建设、加快强化基础条件建设，从而达到教学科研相互促进的目的。在教师队伍建设上，要进一步强调既要提高教师地位，又要加强教师管理，严把政治关、业务关和师德关，努力建设一支"让党放心，让学生满意"的高校思想政治理论课教师队伍。

明显改善高校思想政治理论课的教育教学效果也是一项系统工程，需要进一步深刻领会党中央育人为本的总体要求，努力把握课程本质要求和发展方向，在新的历史起点上加强思想政治理论课建设，推进思想政治理论课教学改革。这就需要上级主管部门的宏观指导和支持，需要高校的有效组织和管理，需要广大思想政治理论课教师的主动实践和推进，需要发挥协同作战的综合优势，持之以恒地攻坚克难，着力解决思想认识不够到位、支撑体系不够完善、师资队伍建设和学科建设比较薄弱、课程内容比较枯燥、教学方法比较单一、管理水平比较落后等问题，并寻求与此相应的对策，破解这些问题，把高校思想政治理论课的教育教学提高到一个新的水平。

第二节 高校思想政治理论课教育创新发展

一、树立"以学生为本"的教学理念

（一）"以学生为本"的教育理念的内涵

"以学生为本"的教育理念是指教育要从学生的发展出发，使学生获得全面、主动，有个性的可持续的发展。我国传统文化中儒家教育是"以人为

本"的，而非以物为本、以神为本；是面向大众的教育而非面向少数人的"精英教育"。何为以人为本？简单地说，就是以人为核心，以人为根本，以人的积极性、自主性、创造性为动力，尊重人、关心人，促进人的发展。

1. 从学生的发展出发："以学生为本"的教育理念的逻辑起点

教育是一种培养人的活动。也就是说，学生是教育过程的终端，是教育的本体。因此，"以学生为本"就是要把学生特别是学生的发展作为教育活动的本体，一切教育活动都从学生的发展出发。这是"以学生为本"教育理念的逻辑起点。"以学生为本"的教育理念是对人类思想史上人文主义、人道主义思想传统的批判继承，是针对当今社会和现代教育中出现的人的物化的弊端并基于教育的本质而提出的。教育这种培养人的社会实践活动，是直接以塑造和建构主体自身为对象的实践领域。教育社会功能的作用大小，取决于国民素质的提高，取决于建设人才的培养。也就是说，教育的最终目的是培养人，是促进学生的发展。

2. 让学生得到全面和谐发展："以学生为本"的教育理念在质上的规定

"以学生为本"的教育理念强调促进学生的全面发展。当代人的全面发展应包含人的自然性与社会性、体力与脑力、生理与心理的全面、和谐、统一的发展。现代教育必须培养全面发展的人，现代社会市场的扩大、交往的广泛化以及个人自由时间的增加也为人的全面发展提供了客观条件。在现阶段，我国还存在一些制约人全面发展的不利因素，如我国尚处于社会主义初级阶段，人们还没有足够的闲暇时间来充实和完善自己；市场经济的竞争性和追求利益最大化的特点也可能使人变成"经济人"和单向度的人；教育中的应试主义倾向；等等。应试主义的倾向使部分学校在教育教学中片面重视学生知识的学习，忽视学生能力的培养，忽视良好道德品质和正确人生观、世界观及良好的心理素质的养成。也正因如此，"以学生为本"的教育理念更加强调促进学生的全面发展。

3. 让全体学生都得到发展："以学生为本"的教育理念在量上的要求

如果说让学生得到全面发展是"以学生为本"的教育理念在质上的规定的话，那么让全体学生都得到发展则是其在量上的要求。让全体学生都得到发展是素质教育的必然要求。现代教育的一个重要特征是民主化。教育的外部民主主要体现在教育的普及，教育的内部民主主要表现为让全体学生都得到发展。每一个学生都有独特的个性和能力，每一个学生都有权利要求接受适合其个性特点的教育，实现个人的价值。让全体学生得到发展是实现社会公平特别是教育公平的根本要求，是"以学生为本"教育理念的基本内涵。为此，必须实现教育资源在不同地区、学校、班级之间的公平配置，给予全体学生以同等的关爱。

（二）以学生为本的教育理念的意义

"以学生为本"，体现在高等教育中就是要维护学生的根本利益，促进学生全面发展。"以学生为本"的教育理念是时代发展的客观要求。综合国力的高低取决于人才。随着知识经济的到来，人力资源成为影响国力的首要因素而决定人力资源的质量和数量的，只有教育。传统教育的"精英教育模式"，使素质教育的质量大打折扣。信息社会和市场经济的多样化发展需要高等教育以学生为本。社会主义市场经济的建立与完善，每个人将会获得最大限度的独立性和自主性。高等教育在直接为社会发展提供服务的同时，是从满足、引导学生合理需求起步的只有确立以学生为本的教育理念，满足、引导学生多层次的需求，高等教育才能真正培养出适应社会发展需要的合格人才。

坚持"以学生为本"的教育理念，有利于发挥学生的主体作用。教学活动要真正取得实效，必须把学生内在的积极性和创造性充分调动起来。构建以学生为本的教学理念，有利于克服学生在学习中的被动地位，充分认识和发挥学生在学习中的主体作用，激发其学习积极性和创造性，以取得良好的教学效果。

坚持"以学生为本"的教育理念，有利于发挥教师的主导作用。以学生为本的教育理念中，老师是关键、是主导。树立以学生为本的教学理念老师在教学方式和方法上更加贴近学生实际，用通俗易懂的语言、生动鲜活的事例、新颖活泼的形式，活跃教学气氛、启发学生思考、增强教学效果、提高其教学的说服力和感染力，发挥老师的主导作用，以取得良好教学效果。

坚持"以学生为本"的教育理念，有利于贯彻素质教育方针。素质教育强调个人素质的提高和发挥，培养出更多、更好的具有创新精神和实践能力的学生，可以有效地提高他们的社会适应能力和市场竞争力。树立以学生为本的教育理念是素质教育的基本前提，有利于强化学生的实践能力，优化人才培养结构，更好地适应社会主义建设事业发展的需要和要求。

坚持"以学生为本"的教育理念，有利于充分满足广大学生成长、成才、成功和发展的内在需求，促进学生的全面发展。以学生为本的教育理念着眼点是学生的全面发展。树立以学生为本的教育理念，就是要建立起符合未来社会发展需要的学生发展观，把学生的发展与社会的发展需要在根本利益和价值体现上统一起来，赋予学生的发展以新的内涵。学生的发展是适应社会需要的全体学生的发展，是学生人格的全面发展，是学生有个性的发展，是学生可持续的终身发展。

坚持"以学生为本"的教育理念，有利于明确学生思想政治教育在高校发展中的重要地位和作用，拓展学生工作的职能。思想政治教育是学校工作的重要环节，其地位和作用相当重要，不可或缺。坚持教育的出发点和归宿都"以学生为本"，就能凸显思想政治教育的地位和作用，更加体现思想政治教育工作者的价值，就能促使我们不断研究新情况，解决新问题。

二、树立创新意识

（一）思想政治理论课教师树立创新意识的必要性

1.思想政治理论课教师树立创新意识的现实意义

面对世界科技飞速发展的挑战，我们必须把增强民族创新能力提高到关系中华民族兴衰存亡的高度来认识。培养创新意识，需要培养创新人才，创新人才的培育需要教育，更需要教育创新。教育的创新是时代的要求，当今社会，伴随着经济和综合国力的发展，教育在其中发挥着越来越重要的作用，如何创新教育，让教育更好地发挥其作用成为一个重要的教育命题。进行教育创新，有助于我们更加充分地吸收人类优秀的历史成果，有助于提高人们的思想觉悟，有助于更好地培育新时代的中国公民。同时，培养具有创新意识、创新思维和创新能力的人才，是新时期经济和科技发展的要求，符合我国科教兴国和人才强国的战略，有助于我们走在现代化建设的制高点，实现中国的繁荣富强。培养学生的创新意识，是时代赋予每个教师的重要职责，思想政治理论课教师作为学生思想发展的引路人也不例外。因此，创新对于思想政治理论课教师的发展和学生的成长来说都具有重要的意义：有利于促进思想政治理论课教师专业化的发展，增强他们的责任感和主体性；有利于学生的个性发展，摆脱传统的思维方式；有利于转变传统刻板的上课模式，彰显课堂的魅力；同时也有助于师生追寻课堂新的意义，促进师生在思想政治理论课上的共同成长。

2.思想政治理论课教师创新意识缺乏的现状分析

在崇尚创新与竞争的知识经济时代，知识创新和技术创新成为经济社会发展的关键。目前，我国的教育进入了蓬勃发展的阶段各级各类学校的师资队伍迅速壮大，总体素质有了很大提高。但是，不少教师依然存在创新意识缺乏、创新能力薄弱的问题，思想政治理论课教师也不例外。思想政治理论课教师创新意识的缺乏主要表现在以下方面：一是缺乏强烈的创新意识，在思想政治理论课教学中因循守旧、照本宣科；二是缺乏跨学科交流的意识和创新能力，囿于思想政治理论课教学和研究的领域；三是缺乏跨文化的国际交流的意识和能力，专业知识单一，知识面狭窄；四是缺乏与同行务实的交流，在思想政治理论课学科知识结构上相对封闭。存在这些问题不是偶然的，中国的传统文化就非常强调遵守权威，抑制个人的自由发展，当然更谈不上创新；在现有的一些教育体制中，存在等级制、论资排辈、学术民主风气不够等现象；在管理上缺乏奖勤罚懒、择优汰劣的机制，缺少对教师创新活动的激励机制。面对思想政治理论课教师创新意识缺乏的现状，我们应当从理论和实践中给予更多的思考。

创新意识，对于思想政治理论课教师来说是一种必不可少的职业素养。创新意识的树立，对他们有着重要的现实意义。但是，面对当下思想政治理论课教师普遍缺乏创新意识的现状，我们不得不寻求新的途径来解决这一迫切的问题。

（二）思想政治理论课教师树立创新意识的有效途径

1. 创新教师队伍素质

在知识经济时代，信息爆炸性发展，知识急剧更新，使得高校思想政治理论课教师队伍的整体素质特别是现代科技素质面临严峻的挑战。作为塑造学生灵魂之工程师的思想政治教育工作者，肩负着"传道、授业、解惑"的重任，他们的素质如何对素质教育的推进起着决定性的作用。而现实情况是：不少教师缺乏信息科技的基本常识和技能，对电脑、网络和多媒体懂得不多，部分人不会利用网络、多媒体、影视器材等现代科技手段实施教育。因此，要采取有力措施，加强培训，使这支队伍不仅具有坚定的理想信念和丰富的理论知识，而且具有制作思想政治教育软件的能力和利用网络、多媒体等信息处理技术有效实施思想政治教育的能力。培养具有创新精神的思想政治教育者，增强思想政治理论教育的实效性。加大教师队伍建设力度。思想政治教育既决定一个学校的核心竞争能力，也是培养创新型人才的关键所在。思想是行为的先导，创新的教育理念就会引领创新实践，即思想一重视就深入，一深入就行动，一行动就发展。为此，要采取"走出去，请进来"方式，学习借鉴国外先进的教学经验，总结吸取国内滞后的教学教训，内外融合，新旧融合，形成一套贴近时代要求、贴近教学实际、贴近人才需求的教学理念。转变旧的教学观念，是接受先进理念和实现课程改革的一个重要保证，更是实现教育创新的重要保证。很多教师都是习惯于在课堂上实行思想政治教育，教师要摆脱旧的教育观念的束缚，更新教育观念，树立正确的人才观、质量观和学生观。还课堂给学生，变"传授知识"为"传授方法"，认识到学生才是课堂的主体，自觉地做精神的引领者，这样才能以饱满的热情投入到课程改革当中。

2. 建立创新型教学的多元体系，增强思想政治理论教育的系统性

创新教学内容，教师不仅要有雄厚的专业知识和理论基础，还要掌握思想政治的动态前沿；教师不仅是知识的传授者，也是知识的创造者。教师要深入研究、积极探索，构建适合本学校和本学科的思想政治教育课程体系。构建创新型的思想政治教育人才培养体系，要符合以人为本的教育理念和实

现学生的全面发展的教育内涵教师要敢于对课程进行创新式的尝试，要对课本的内容进行适当调整。另外，思想政治教师要加强与其他学科的沟通，并尝试进行跨学科的学科整合，开发多样化教学内容，如社会实践课程与思想政治教育课程相结合，让学生能够参与其中，这样教师也可以感受到科研的快乐。思想政治教师要紧跟时代步伐，更新教学观念，改变"一支粉笔、一张嘴"的单一教学手段，把挂图、投影、实物、录音、录像、电脑运用到教学中，必然会以其良好的直观性、生动的趣味性、丰富的表现力激发学生强烈的求知欲望，增加课堂学习的兴奋点，激活思维。

第三节 新媒体环境下高校思想政治教育创新发展

一、推进网络思想政治教育创新发展

（一）理论创新

紧扣实践，加强研究，构建完善的理论体系，为大学生网络思想政治教育实践与创新提供科学的理论指导。理论创新的突破必将推进实践的大发展。经过十多年的发展和积累，网络思想政治教育实现理论创新突破的时机日趋成熟。

在辩证审视和全面总结网络思想政治教育十多年实践与理论探索的基础上，我们有望给网络思想政治教育一个全新的跳出传统框架束缚的诠释，并能紧密结合实践发展的需求全面研究和解决网络思想政治教育的运行机制、内容创新、人才培育、文化建设、社会化、标准化、专业化等问题，构建起对实践具有强大指导作用的较为完善的科学的网络思想政治教育创新的理论体系。同时，我们还应该根据网络思想政治教育创新发展的现实需要和可能，积极筹建区域性或全国性的网络思想政治教育研究会，为网络思想政治教育创新提供专门的学术交流平台。

（二）机制创新

创新制度，完善机制，不断提升专业化和标准化水平，为大学生网络思想政治教育发展提供制度保障。建章立制，理顺关系，完善机制，是保障大学生网络思想政治教育持续创新发展的重要环节。着眼于实现有限的教育资

源充分共享和提高专业化、标准化水平，根据不同高校不同学科专业、不同地区文化风俗等情况，针对不同学科专业、不同知识层次的大学生群体的特点，建立一套既能充分调动党的组织、宣传部门和党的其他部门、政府部门以及工会、共青团、妇联等人民团体和其他社会组织协同开展网络思想政治教育的积极性，又能充分发挥社会科学、新闻出版、文化艺术工作者和教育科技工作者的重要作用的规则和制度，形成在党委统一领导下，充分调动高校各相关部门或单位各方面的主动性，形成职责明确、齐抓共管、全面覆盖的工作机制。同时，要加强网络内在约束机制建设和外部教育环境建设，善于借鉴商业网站的运作模式，不断完善网络思想政治教育的管理体制，争取建立起一套适合公益性思想政治教育网站特点的运行、保障、协调、创新的管理机制。积极探索建立思想政治教育网站的评价指标体系及网络思想政治教育信息标准体系（教育信息分类编码与文件格式标准、教育信息处理过程标准、教育信息交换标准等），不断提升思政网站建设的规范化、专业化和标准化水平。

（三）平台建设创新

要主动适应移动互联时代大数据、云计算以及新媒体的广泛应用，首先整合资源，打造品牌，继续构建和完善国家级门户网站，为网络思想政治教育发展提供平台服务。网络思想政治教育的开展，涉及多个部门的参与，需要多个部门的通力合作，因此要优化、整合资源。当前我们最紧迫要做的，是开展网络思想政治教育全国性的宏观长远发展规划，避免盲目性、重复性建设，要打破行业、部门的封闭，多部门联合联动，集中有限的资源、经费和技术力量构建一个最具权威和综合性的国家级思想政治教育门户网站，并以该网站为主站，根据需要和可能开通若干区域性或省级的分站。同时，要借鉴市场营销学的市场细分理论，细分受众群体的心理特点、知识结构等，分别建立针对不同受众群体的高水平的思想政治教育专题网站，避免一些单位或部门因技术、资金、人才等局限而粗制滥造，败坏网络思想政治教育的声誉。此外，还要与时俱进组织实施网络思想政治教育专题，要全力打造属于自己的特色品牌栏目，避免用原来的教育方法"剪裁"互联网或只将教材、教案搬到网上的尴尬，充分挖掘互联网的潜能，培育网络思想政治教育独特的网上风格和主流文化，把我国网络思想政治教育建设成资源高度集成共享的、覆盖全国的、无可替代的、与网络文化融为一体的灵魂塑造"红色基地"。这将是我国网络思想政治教育走向成熟的标志性工程。其次，各高校应以大学生诉求为导向，着力打造校级、院系级特色鲜明的思政主题网站，推进网上网下教育服务一体化发展，并着力把新媒体作用发挥至极致，实现网络思想政治教育"三贴近"，更好地适应大学生群体教育成长环境的新特点和新要求。此外，还要充分调动身在教育一线的辅导员的积极性和创造性，引导广大党、团、学优秀学生骨干积极参与，共同打造大学生网络思想政治教育的各类"微"平台，充分发挥新媒体的"微"力量，使新媒体的"微"教育有效地融入网络思想政治教育的生态之中，是每一位高校思想政治教育工作者面临的重大课题，也是网络思想政治教育进入新时期新阶段的一个重要机遇。

二、新媒体与高校思想政治教育相结合的实践发展

（一）新媒体时代大学生网络舆情引导的依据和途径

1. 网络颠覆了传统的信息传播方式

在信息社会到来和网络时代崛起之前，人们之间的信息传播主要依靠人与人之间的口耳相传、文字交流和纸质媒介等方式，呈现出点对点、单向度、被动性、线性的特征。公众掌握和接受的信息极其有限，个人发表意见、发布信息、传播思想的渠道和平台也十分狭窄，也决定了信息传播速度、传播范围和影响力的局限性与效度。社会舆论基本处于官方掌控和主导的范围内，对于一些不利于社会安定团结和有悖于国家治理的信息，政府有关部门可以轻而易举地进行防范、删除、封堵。然而，网络技术以其层级扁平性、多向互动性和交流开放性等特点，使信息传播和交流实现了自由顺畅、高度共享、即时交互的目标。事实上，智能手机的出现，已经将我们带入另一个世界。在这个世界，信息不再是稀缺物，很难再成为垄断资源。网络消除了参与者身份、地位、阶层等个体性的差异，人人都可以自由、简易、快速地在网络上发布信息，也可以根据自己的兴趣、爱好和关注话题发表观点、搜索信息，并与其他用户就共同关心的话题进行广泛讨论、深入交流。这种无障碍的信

息传播模式完全改变了传统信息传播的主客体关系，模糊了信息创造者、发布者、传播者以及接受者之间的界限，传统的"我说你听"传播模式被大家都是"言说者"的传播方式所取代，权力主导的话语权力体系也被解构了。网络技术发展和网络工具的普及，改写了信息传播的规则，带来了信息传播方式的彻底变革，颠覆了传统的信息传播模式，解除了政府部门对信息的垄断权和控制权，使得公众信息以由此形成的及社会舆论大面积形成、大范围传播与产生巨大社会影响成为可能。

2.网络具有很强的舆论放大效益

在网络上，每个人都可以是信息的制造者、传播者和接受者，并且可以同时兼具三种身份、扮演多种角色。特别是随着自媒体时代的到来，"随手拍"成为常态，"微博直播"日益普及，公民记者大量涌现，标志着整个社会舆论环境已经从"大喇叭"时代转型升级为"麦克风"时代。在"麦克风"时代，无形无色网络的力量无孔不入地渗透到经济社会的各个领域和人们生活的各个方面。在网络上，一则消息、一句评论或一张图片都有可能引爆网络舆情，只言片语、点滴涟漪可以在刹那间波及全球、辐射全世界，引发网络社会甚至现实社会的轩然大波和广泛反响。正是凭借着便捷性、平民化、普泛化、自主化和快速性等压倒性优势，网络的强大互动功能推动着信息传播朝着社会的广度和深度扩散与渗透。网络舆论以其跨越时空的强大生命力、渗透力演绎了社会舆论世界和现实生活中的"蝴蝶效应"；更为重要的是，网络的这种舆论放大功能和效应并未止步，而是在持续强化和加剧。

（二）大学生网络舆情引导的基本策略和实现途径

1.抢占网络舆论阵地，牢牢把握网络舆情引导权

当前，社会意识形态领域的竞争、斗争和博弈日趋复杂，各种思想文化交流交融交锋此起彼伏。网络作为各种社会思潮宣扬和兜售其"价值秘方"的重要市场，是各方势力竞相争夺的敏感地带。在网络社会，一些热点话题和敏感问题极易被居心叵测的人利用，通过歪曲事实、挑拨离间、添枝加叶等手段，造成"波涛汹涌"的网络舆情。网络舆情对青年大学生的思想、思维、性格、道德和日常行为的影响与日俱增。从这个意义上讲，互联网已然成了

宣传思想战线和意识形态领域争夺人心、争夺大学生的主战场。要赢得未来必须赢得大学生，而只有贴近网络，方可赢得大学生。对此，高校各级党委、各个部门和思想政治教育工作者必须牢固树立阵地意识，及时跟上互联网发展的步伐，做好官方网站、官方微博的建设和应用，积极促进传统媒体和新兴媒体融合发展，通过创建校务微信、思政专家微博、公众微信平台等方式，全面进军新媒体舆论场，主动抢占网络舆论阵地、网络舆论空间，做到平时"润物细无声"，重大问题不缺位，焦点问题不迟钝，关键时刻不失语，牢牢把握网络舆情引导权、主动权。

2.掌握基本规律和方法艺术，提升对大学生网民的网络舆情引导力

在复杂多变的网络舆论生态中，舆论导向正确的刚性要求，与讲求良好的传播效果和引导效果的柔性做法，力求实现和谐统一。而要达成这种统一，必须要以熟悉网络舆情形成特点、传播规律和掌握驾驭网络舆论的艺术，提高防范和化解网络舆情危机的能力与水平。一是要深入研究大学生网民的网络心理、行为习惯、网络偏好，以及大学生网络沟通、联络、交流和聚集方式，通过主动设置议题、利用舆论领袖、增强人性化关怀等手段巧妙、灵活地引导网络舆情，做到网络舆情引导有方、有术、有力、有效。二是要贯彻尊重包容、平等互动的原则。宣传思想战线的同志和广大思想政治教育工作者与大学生网民进行对话、交流，要坚持理性的精神和谦卑的态度，抛弃高高在上、盛气凌人的姿势，用真诚、坦诚、热诚赢得大学生网民的认可、信任和支持，建立起与大学生网民有效沟通和良性互动的长效机制，努力实现对大学生的引导、吸引和凝聚；三是要善于用大学生的语言、大学生的思维、大学生的逻辑以及大学生乐于接受的方式与大学生网民进行交流，准确掌握大学生普遍关心、高度关注的现实问题，对接大学生网民多样性、多元化的网络需求、心理问题、思想困惑，广泛运用微博、微信、手机媒体等新媒体工具，认真做好解释说明、分析论证和网络舆情引导工作，引导广大学生树立网络文明意识，帮助大学生培育积极向上的价值观。

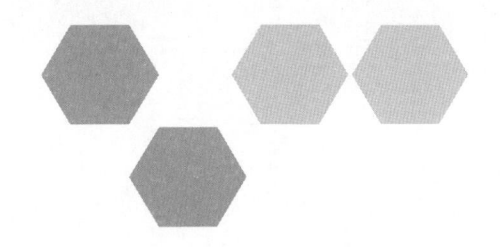

第九章 新媒体文化视角下大学生思想政治教育话语

第一节 思想政治教育话语的界定以及构成

一、思想政治教育话语概念的界定

我们探讨思想政治教育话语，要把语言学中话语的本真内涵放到马克思主义理论畛域下，放到思想政治教育学科特有的属性中来进行探究。由于思想政治教育学科具有很强的意识形态性，并且是与国家权力相结合的，因此，思想政治教育话语在某种程度上可以理解成是一种权力话语，其兼具意识形态性与学术性的特点。依据马克思主义对话语本真的界定，综合思想政治教育学科的特点，我们认为思想政治教育话语是在特定的思想政治教育语境下，由教育者作为主体来运用的，能够实现和传递思想政治教育目标和内容，并能促使思想政治教育主客体之间相互作用的一种语言符号系统。具体包括以下几方面的含义。

第一，思想政治教育话语是一种语言符号系统，符号性是语言的基本属性。在一切社会中，我们发现这样的现象：直接能唤起人们要表达的概念的符号系统，是出于各种目的建立起来的，很明显，语言就是一种这样的符号系统，而且是所有符号系统中最重要的系统。作为语言动态表现形态的话语，其自然也是一种符号系统，主要有文本话语和口头话语两种形式，随着新媒体时代的到来，又出现了网络话语的形式。

第二，思想政治教育话语存在于特定的思想政治教育语境中，即存在于思想政治教育教学中。同一话语、词汇在不同语境下其表达的含义是不同的。在文学语境中运用的是文学话语，历史学语境下运用的是历史学话语，只有在思想政治教育语境下运用的话语才能被称之为思想政治教育话语，也只有教育教学才是思想政治教育话语实施的场域。思想政治教育教学促进教育主客体之间发生互动、共同参与、相互作用，人们只有在教育教学实践中才能检验受教育者对于思想政治教育内容的理解吸收效果、才能评判教育者的教育教学工作的落实与完成程度、才能去把握社会的要求与实际思想政治教育之间的距离与矛盾。

第三，思想政治教育话语是由教育者作为主体来运用的。不仅仅教育者是思想政治教育话语的传播者，受教育者也可以传播思想政治教育话语。教育者与教育对象沟通交流所使用的话语，如果对自身或者思想教育有所启发和影响，则其也就变成了教育者，此时他们之间所使用的才能称之为思想政治教育话语；如果教育双方交谈的话语没有对教育产生影响，没有对对方的思想观念、政治观点或者道德规范有所启发，则就不能称之为思想政治教育话语。

第四，能够实现和传递思想政治教育目标和内容，起到思想政治教育作用的才能被称之为思想政治教育话语。话语作为一种语言符号可以传递许多其他内容的信息，比如，经济学话语传递的是价值的生产、流通、分配、消费规律的理论，法学话语传递的是关于法律问题的基本知识和理论体系等。因此，不同学科的话语反映不同的内容，只有当话语体现并反映着社会主义意识形态，有着明确的思想政治教育目的指向性，才能被称作是思想政治教育话语。

二、思想政治话语的构成要素

（一）思想政治教育话语间性

所谓话语间性，从社会语言学的视角来看，是指话语在实现其功能过程中在各个方面表现出来的可能性，即话语存在于一种张力状态下。话语是信息传递的载体，包括了言语行为、社会语境中的语言使用、实际的篇章对话等实质内容和文字语言、日语、身体语言（手势、表情）等符号内容。话语系统的开放性和封闭性决定了话语意义的动态性特征：意义的弹性理解，即不同话语不同情景其意义可能相同也可能不相同，即使同一话语同一情景其意义也可能相同，也可能不相同。这种话语间意义的错位就构成了话语间性。简言之，话语间性就是指话语主体在实现彼此理解的过程中客观的存在于话语本身之间的张力度。也就是说，任何话语之间都不同程度地存在着这样或那样的差别。这种差别一方面丰富了话语的形式和内容，提升了话语主体的理解能力，但同时也使得话语主体的理解度随着话语本身的张力度的大小而呈现出一定的不稳定性。这种不稳定性恰恰预示了话语系统具有开放性和封闭性的特征，从而也就决定了话语意义的动态属性和静态属性。话语意义的弹性特征导致了理解仅仅只是一种可能，即不同的话语在不同的情景下，其意义的主体获得可能具有一致性，也可能没有一致性；即使同一话语在同一情景下其意义的主体获得也没有某种必然性，这种理解的模糊性或可能性直接源自于话语间性的存在。

（二）思想政治教育话语语境

语境即言语环境，它包括语言因素，也包括非语言因素。上下文、时间、空间、情景、对象、话语前提等与话语使用有关的都是语境因素。语境是语用学的核心概念之一，也是话语分析的基础。语境的主要功能是对语言的制约作用，一切语言的应用和言语的交际总是限定在一定的语境范围之内，因此，语境对语言的语义、词语、结构形式，以及语言风格等方面都会产生影响和制约作用。语境以模块的形式储存于人的认知框架之中，对于听话人来说，只有那些与当前话语关联的模块才会被激活，听话人只有从自己的认知模块中找到与当前的认知环境重叠的部分，即交际双方对彼此的认知环境能够显映和互相显映，话语才会被理解，否则交际就会失败。所以，语境的参与是话语理解的一个不可或缺的条件。

思想政治教育话语语境是思想政治教育活动过程中形成的，使思想政治教育话语能够得以有效传播和被接受，教育者与受教育者得以有效交往和互动的言语场合。思想政治教育话语语境具有即时性、多变性、场域性、灵活性等特征。

(三)思想政治教育话语预设

话语预设在思想政治教育话语实践中具有举足轻重的作用,它直接影响着主体间交往过程中的相互理解和达成默契。教育者和受教育者之间的交往能否正常进行,除了语境因素之外,话语预设也是一个不容忽视的重要因素。教育者输送的信息要为受教育者接受,需要一个共识性的预设。否则,彼此之间很难沟通,更无法了解对方所要表达的意思,因而在话语交往前,通过一定的话语预设来了解受教育者的话语,就显得十分必要。

话语预设贯穿了思想政治教育的灌输、沟通、协商的整个过程,决定了思想政治教育主体间交往的实际效果。思想政治教育话语必须重视主体间的话语预设,在话语交往的过程中不断积累话语预设,同时也在话语预设中不断提升交往的实际效果。

(四)思想政治教育话语交往

所谓话语交往,是指人们以语言为媒介,基于生活世界的背景知识,就思想文本和社会实践的意义进行的主体间的话语互动,它主要表现为主体间通过语言来提出主张、质疑、批判和辩护的过程。

思想政治教育话语交往是主体间以什么样的话语方式进行对话和沟通,以便达到最佳效果。在思想政治教育过程中,教育者与受教育者通过话语建立起一种交往关系,双方的交往是主体间的交往,而不是教育者的单向灌输。思想政治教育的内化特征决定了思想政治教育不能采取强制的灌输方式,而应在充分尊重受教育者的人格和个性的基础上,与受教育者进行平等自由的话语交往。

思想政治教育话语交往是思想政治教育话语体现意义的一个重要路径。在思想政治教育过程中,教育者和受教育者之间通过思想政治教育话语建立起来何种关系,其交往手段是否规范、交往内容是否科学将直接影响到其话语功能能否有效实现,进而关系到思想政治教育的实效性。因此,必须关注教育者和受教育者之间的话语交往,以使双方通过互动达成彼此间的理解。

(五)思想政治教育话语内容

思想政治教育话语内容是根据一定的社会要求和针对受教育者的思想实

际，经教育者选择设计后有目的、有步骤地输送给受教育者的思想意识、价值观念、政治观点和道德规范等信息。思想政治教育话语内容体现了思想政治教育的性质，规定着思想政治教育涉及的范围，蕴涵着思想政治教育的目的和任务，其实质是对受教育者给予什么样的思想导向、价值干预和精神影响的问题，它也是联结思想政治教育者和教育对象的信息纽带。从逻辑本源看，思想政治教育的内容决定了思想政治教育话语内容，两者具有一致性。思想政治教育话语内容由体现学科特性的内核和体现思想政治教育话语广泛性特征的外围两部分构成。

政治教育话语是思想政治教育话语的主导性内容，是思想政治教育鲜明的政治色彩和阶级性的集中体现。

体现思想政治教育话语广泛性特征的外围，是思想政治教育话语借鉴和汲取其他学科领域话语的重要场域，体现的是思想政治教育的基本价值（如生命意义、责任、诚信等），它主要涉及道德话语、心理学话语、法治话语、哲学话语，等等。

总之，思想政治教育话语内容是一个由多层次要素构成的复杂体系。思想政治教育话语内容的建构受社会发展规律、教育内在规律和受教育者身心发展规律所制约，依据阶级社会对其成员的根本要求、时代条件发展变化的客观要求、思想政治教育内容的继承借鉴和结构要求，形成思想政治教育话语内容新媒体文化与大学生思想教育研究体系。

第二节 新媒体时代下大学生思想政治教育话语的转型建构

一、话语转换机制

（一）话语移植机制

对于在某些方面与思想政治教育相吻合的话语，诸如心理学话语、伦理学话语、哲学话语等，无须加工改造就可以直接移植过来而成为思想政治教育话语。话语的移植是学科之间常有的事情，但前提是首先要了解从别的学科移植过来的话语或概念，尤其对此话语和概念的指涉要有深刻了解和认识，同时必须要找到这些话语之间转换的契合点；否则，生搬硬套会导致思想政治教育话语系统的混乱。

（二）话语诠释机制

释义就是对思想政治教育话语的解释、诠释、注释等，对于某些较为抽象的理论话语，在引入思想政治教育话语过程中，应予以适当的描述或诠释，因为纯粹的学科话语和理论话语是一种抽象的话语形式，它们需要经过一定的描述或诠释才能纳入思想政治教育话语系统，否则就难以达到传播目的。释义一方面可以使一些现在难以确切转换的话语满足当下思想政治教育话语发展的需要；另一方面又为以后的转换积淀材料。

（三）话语中转机制

话语中转机制就是把一些政治话语、文件话语、学术话语经过思想政治教育话语理论系统的技术加工和处理，转换成为思想政治教育理论话语，赋予这些话语以思想政治教育的学科特色和学科内涵，使其从纯粹的政治话语、文件话语、学术话语系统中游离出来，并纳入思想政治教育话语体系之中。

二、话语和谐共生机制

（一）话语权分流机制

话语权的分流问题是思想政治教育话语范式转换中的重要问题。思想政治教育话语的非良性共生主要是由话语冲突、话语霸权、话语替代、话语单一化所造成的，其中，话语霸权是导致非良性共生的根源。思想政治教育话语霸权包括话语本身的霸权和主体间赋予的话语霸权。话语本身的霸权就是强势话语对弱势话语的统摄和蚕食，致使弱势话语在思想政治教育话语场域中发出的声音越来越弱，在整个话语系统中所起到的作用越来越小，并最终导致弱势话语的"失语"。

（二）话语互补机制

互补是良性共生的驱动力。话语的互补机制可以通过要素之间和内容之间的同构性、互补性、协调性来实现。思想政治教育话语的和谐共生需要话语要素之间的同构性，只有建立在同构性的基础上，才能够促进话语要素之间相互协调、相互促进。思想政治教育话语的和谐共生要求政治话语、学术话语、生活话语、心理话语、道德话语之间的协调互补发展，要求思想政治教育话语系统各要素功能的协调一致发展，以促进功能的最优化。

思想政治教育话语要素间的互补，就是思想政治教育话语系统的构成要素，即话语间性、话语语境、话语预设、话语内容、话语交往、话语形式之间的相互协调、相互促进。这些要素耦合于思想政治教育话语这个有机系统之中，思想政治教育话语系统整体功能的发挥有赖于其构成要素的互补。一旦在范式转换中形成话语要素间的冲突，必将导致话语的失效和"话语断裂"。思想政治教育话语要素间的互补可通过以下路径建构：一是话语间通过话语交往选择一定的话语内容，并对语境产生影响；二是话语间在一定的话语语境下，以一定时期的话语内容为基准，通过话语交往并选择合适的话语形式；三是话语间基于一定的话语预设，从语境出发，针对一定的话语内容，通过话语交往并选择合适的话语形式；四是通过话语内容、话语语境、话语预设、话语交往和话语形式彼此之间的互动，建构一定话语间关系。

（三）话语平衡机制

从思想政治教育话语内容来看，涉及政治话语、学术话语、生活话语、心理话语、道德话语、审美话语等，如何使这些话语共享话语空间？从思想政治教育话语发展的历程看，在不同的历史时期，政治话语、学术话语、道德话语等在思想政治教育话语体系中所占的空间是不平衡的，如在革命时期，政治话语、意识形态话语占据绝对的空间优势，因而，思想政治教育话语系统面临各种话语的空间平衡性问题。推动各种话语之间的和谐共生，需要在空间上进行协调；换言之，一种话语占有空间的大小决定了其在思想政治教育话语系统中的位置。话语的和谐共生意味着在思想政治教育话语空间中，政治话语、学术话语、生活话语、心理话语、道德话语等话语之间的空间比例是协调的，但协调并不是均等。任何一种话语占据绝对空间就意味着话语系统的失衡，因此，需要通过话语平衡机制使各种话语之间的空间按比例协调发展：思想政治教育话语空间是一个动态发展的过程，在不同历史阶段，各种话语所占据的空间经常发生流变。建立话语平衡机制就要根据不同的话语在不同历史阶段所发挥的作用来衡量其占据空间的比例，同时引入适度的话语竞争机制，以促进思想政治教育话语不断地进行反思和理论自觉。

第三节 新媒体时代下大学生思想政治教育话语的优化

一、建立新媒体视域下新的思想政治教育话语理念

（一）以人为本的话语理念

思想政治教育是以学习、研究、宣传马克思主义基本理论为己任的，其话语所传递的内容必然带有一定的意识形态性，因此要由思想政治教育者作为"把关人"来把握和控制以保证话语的准确性和真实性。教育者通过对话语内容的筛选，选择一定的话语传播方式来完成政治导向，思想引领与道德规范，使受教育者的政治意识、思想素质与道德修养合乎一定社会所要求的水平。传统思想政治教育是由教育者作为主体来实施的。而新媒体时代的到来，人人平等地享用互联网络的各种资讯和海量信息，教育者不再"独揽大权"，不再是教育信息的单独占有者。教育者与受教育者之间也不再是传授与接受、主导与参与的关系。人的主体意识逐渐增强，因此，新媒体时代的到来更加呼唤话语建设能够以人为本，注重个人价值。同时，新媒体时代的到来，开放性、交互性的网络信息扑面而来，在信息多元化的时代，受教育者能够自由地发表自己的观点、看法，搜索更多内容丰富的知识，其索取知识也不再是像从前只依赖于教育者的传授，其眼界变得更加开阔，主体性地位日益凸显。

（二）辨证张力的话语理念

进一步剖析思想政治教育话语的内在结构，我们会发现其所包含的党的政策性话语、文件话语和实践话语之间存在着辨证张力。新媒体时代所营造的自由宽松的生活环境，使得人与人之间的对话表达更轻松、更诙谐幽默。受教育者更能接受的是接地气的生活化、日常化的话语。可以看出，党的政治性话语、文件话语必须体现党的意识形态性与庄严性，所以在某种程度上，它是刻板的，缺乏生气的话语。但是思想政治教育实践话语是要与现实生活中的受教育对象相交往互动过程中使用的语言，显然，纯文件话语、严肃的政治话语是不易于被新媒体时代下广大受教育者所接受的。此时，就要求我

们用辨证张力的话语理念去面对解决这个问题。

二、优化话语内容，适应新媒体环境变化

（一）老话语新内涵化

这里的老话语指的是传统的思想政治教育话语，是在革命战争年代我党为了实现民族统一、人民解放而对广大人民群众进行思想动员的时候产生的话语内容。思想政治教育话语优化要将传统思想政治教育话语内容与当今新媒体视域下的时代背景相结合，赋予传统话语以新的时代内涵。我们要做到以下几点：首先是要善于挖掘传统思想政治教育话语内容中与当今时代发展相衔接的，有说服力和感染力的话语内容进行提炼、加工和保留，以达到话语再生产的目的。比如，毛主席曾提出"星星之火可以燎原"的观点，被后人们称为"星火精神"，现在共青团对这种"星火精神"进行了新的诠释，并被视为是共青团人的特殊品质——"聚是一团火，散是满天星"。意为每一个共产主义青年团的青年党员、团员干部们聚在一起会形成一股强大的具有引导力与号召力的组织力量，各自回到自己的工作岗位上，又会在自己的岗位上发光发热，继续传递共产主义的优秀品质与精神。

（二）平常话语精准化

思想政治教育话语的产生和存在蕴含着关于思想政治教育价值与功能等基本问题的价值判断和识别。思想政治教育话语作为思想政治教育内容的重要载体，对思想政治教育功能发挥起到了重要的传递作用。话语所描述内容的准确性、全面性关系到思想政治教育内容的有效传播与思想政治教育功能的有效发挥。加之思想政治教育是一门意识形态性很强的学科，作为以马克思主义基本理论为基础，以党的政策思想为时代指引的学科，其话语的精准度在一定程度上关系着马克思主义基本理论的持续传播的准确性，关系着我国主流意识形态的建设问题。因此，对待传播思想政治教育话语的教育者来说，必须要做到讲得清楚、讲得明白、最重要的是要讲得准确。当前学术界就存在着对基本概念、范畴认识模糊、对待马克思主义经典著作思想，对待我国传统文化了解不够深入透彻、对待平常话语不认真揣摩，不经过学理分析就脱口而出的现象。对待平常的一些基本理论，概念、逻辑，要经过从抽

象到具体,从历史到现实的分析方法进行学理性探析,坚持既要自己弄清楚,又要给受教育者讲明白的原则。在自己讲得准确的同时,还要做到讲的深刻,让受教育者入脑入心,讲的再准确的话语如果没有被受教育者所接受也等于是白说。因此,思想政治教育者要积极研究教育对象的话语接受心理,创造恰当的语境,提高语言的表达能力与渗透力,做到把平常话语讲的既准确又深刻。

三、优化话语双方交流模式

（一）话语双方采用平等对话方式

在新媒体环境下要建立话语双方平等的对话方式,教育者首先要提高自身的新媒体素质,新媒体时代会出现这样一种现象,许多在受教育者中广为流传的网络用语,教育者却闻所未闻。而教育者传播的话语内容,在一些受教育者看来欠缺吸引力。新媒体环境下缩小教育双方话语鸿沟,教育者首先要从自身做起。多学习网络话语,提高自身的新媒体素质,强化自身的网络信息技术水平,并积极体验受教育者的生活和学习方式,借助新媒体平台观察他们的思想动态和兴趣爱好,将严肃的理论说教话语向轻松的生活话语转变,为双方的对话打造和谐的氛围、奠定良好的内容基础,从而提高受教育者对话语内容的理解与接受程度。

（二）以说事话语模式向情感话语模式转化

话语作为人与人之间沟通交流的媒介,不仅可以促进话语双方的互动参与以启发思想、达成共识、增进信任,而且最终能够指导行动去建构世界,使个体与社会相统一。情感因素在思想政治教育过程中发挥着不可替代的作用。每个人都可以接受情感的感化作用,情感既是人格的组成部分,又是教育的纽带和桥梁。教育者在思想政治教育过程中对受教育者动之以情,晓之以理,会使受教育者更易于接受教育内容,更易于了解道理去改变自己的心态和行为,从而使教育工作起到事半功倍的效果。情感因此增强了话语输出的效果。任何认知过程都包含情感的因素,情感的抒发与表达是人们共有的天性。教育者在思想政治教育实践活动过程中,不仅仅传递了教育信息,还会寓理于情,以情感人,有意识地注入情感因素。情感话语能够减少说事话语的独断性，增加思想政治教育话语的解释力与生命力，是促进教育双方心灵沟通的良药与秘方。如果话语双方在思想政治教育话语实践活动中缺乏情感因素的投入，在心理上疏远彼此，就会增添话语双方交流的阻力，使交流氛围缺少生机与活力。同样，也只有在教育对象的情感认同中才能实现思想政治教育话语的真正效用。情感功能在思想政治教育过程中的发挥主要是教育者以包含着情感的话语内容来实现的，辅助以表情、语气语调等。

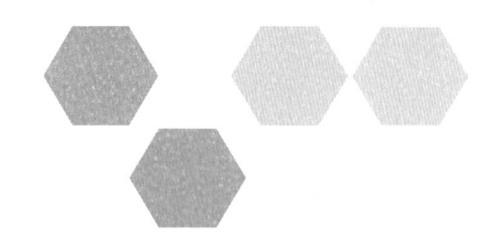

第十章 新媒体时代高校隐性思想政治教育

第一节 高校隐性思想政治教育概述

一、隐性思想政治教育的特点

（一）受教育者具自主性

在隐性思想政治教育过程中，教育者并非是以一种居高临下的状态向学生灌输信息，而是将教育相关信息内隐于各种教育因素之中，让受教育者自愿地融入当中，受教育者不会觉得自己是被动的教育客体而是自主选择，主动参与的受教育者。

（二）教育因素具多样性

隐性思想政治教育是依照一定的社会思想及政治的要求，将教育目的等信息渗透于各种教育因素当中，受教育者处于一种多层次的全方位的隐性思想政治教育因素中，自觉或不自觉地接受其影响和熏陶。

（三）教育目的具内隐性

在隐性思想政治教育实施的过程中，教育目的并非像显性思想政治教育那样的直接和外现，而是通过创造各种各样的教育环境将教育内容隐含于学生的生活学习及各种活动之中。受教育者自然融于其中，在不自觉中接受影响和熏陶，从而实现隐性教育的目的。

（四）教育效果具难测量性和持久性

隐性思想政治教育中受教育者很多时候是处于无意识地吸收教育信息的状态，因此受教育者是否接收到了目标教育信息是很难得知的，但是一旦受教育者接受了教育信息并受教育信息的熏陶和影响，隐性思想政治教育的效果将是显著的，并且这种影响甚至将伴其一生。

（五）受教育者具无意识性

隐性教育过程中，由于教学者对教育目的没有明确向受教育者提出，而是用各种教育因素影响学生，所以受教育者往往在心理层面上并不能察觉，而是自然而然地融于其中，内心深处的摄取机制自觉地接受隐性思想政治教育的影响，于是隐性思想政治教育能使受教育者不产生任何的叛逆性和排斥性，这与显性思想政治教育构成互补。

二、高校隐性思想政治教育的意义

（一）提高思想政治教育立德树人的效果

1.实施隐性思想政治教育有利于推动高校的发展

隐性思想政治教育对于学生的"情""意"的培养更为重视。从某种角度上说，它是一种重视受教育者内心需求的情感教育，以情感为突破口，带动受教育者对教育内容的全面接受。隐性思想政治教育的这种人文精神对于提高受教育者的人文素质有促进作用。

另一方面，隐性思想政治教育的载体具有实践性、多样性的特点，这些载体包括文艺作品、体育活动、校园文化等，它们在教育者的巧妙运用下，往往以十分具有感染力的形象展现在受教育者面前。因此，受教育者在参加隐性思想政治教育的实践活动同时，也是在接受形象有趣的社会人文教育。培养学生多方面的素质无疑有利于提升学生的社会竞争力，从而进一步增强了其培养主体——高职院校的现实存在价值。

2.实施隐性思想政治教育有利于提高思想政治教育的实效性

学生喜欢独立思考，渴望自立自强，不喜欢别人过多干涉，喜欢用批判的眼光看待一切。他们叛逆心强，追求创新和潮流。传统的思想政治教育采用一味灌输的说教方式，内容陈旧，教学工具单一，课堂沉闷等特点无法满足高职生的学习和心理发展需求，学生排斥、厌烦显性教育模式，教育效果甚微。隐性思想政治教育则适应社会形势和需求的变化，关注学生的内心体验，尊重学生的主体地位。它通过丰富多彩的教育载体、创新的教育途径，激发学生学习积极性和主动性，让学生自己去体验，自我教育，达到"静水流深"的教育成效。

3.实施隐性思想政治教育有利于推动"以人为本"教育理念的践行

"以人为本"的教育理念,就是在思想政治教育的过程中,要充分尊重、信任、关爱学生,坚持学生的主体地位。同时提倡"教育即生活",教育要贴近生活、焕发人性,使教育具有生活意境。要重视学生在学习过程中的兴趣所在、主观体验、参与热情等。只有真正践行"以人为本"的教育理念,才能使思想政治教育具有强烈的吸引力和持久的生命力。

长期以来,高校的思想政治教育形成了一种教育者讲、受教育者听的僵化模式。教育者滔滔不绝,受教育者昏昏欲睡。试问,思想政治教育怎能有效开展?隐性思想政治教育将受教育者扶上正位,教育者转变成了服务者的角色地位,不存在压迫与反抗,只有民主与自由,以人为本的教育理念是隐性思想政治教育实践的指导思想。因此,在开展隐性思想政治教育工作前,一定要从学生的身心特点出发,在教育内容和组织形式上精心筛选和设计。

(二)弥补高校显性思想政治教育的不足

1.教育理念较落后,人才培养缺乏竞争力

职业道德的养成需要知、情、意、信、行五个要素依次转化,充分作用。然而,在现实的教育中,很多院校出现了"重技能培养,轻人文素质培养"的教育思想。导致思想政治理论课作为大学生思想政治教育的主渠道在高校中被边缘化。

不仅如此,而且在开展思想政治理论课的教学中,"重理论,轻实践",单纯以显性的理论讲解的方式进行,不断强化学生的思想认知,而忽略对学生情感的培养。思想政治理论课的考核以知识点的堆砌呈现。这种教学模式下培养出来的学生没有道德情感、道德意志,只是一个活生生的背书机器,我们所培养的,只是学生的记忆能力。光有理论知识,但是没有实践经验,没有道德情感的学生怎能在激烈的社会竞争中生存?

2.教育方式不当,学生容易产生叛逆心理

高校的思想政治教育缺乏感染力和吸引力的原因就在于其教育内容严重脱离实际,不能够针对学生的实际疑惑做出正面回答。比如,在高校思想政治教育的课堂上，教师总是宣扬正面的政治理论，而回避现实生活中存在的矛盾。比如，在讲授社会主义核心价值观的问题时，没有对学生所疑惑的关于社会上存在的一些腐败、不公平的负面现象做出解释。教师在滔滔不绝的批判资本主义的劣性，赞扬社会主义制度的优越性时，没有对资本主义在现实生活中越来越富强，繁荣发展的现象做一个分析。

在实际的理论教学中，还存在片面强调社会价值，把社会价值与个人价值对立起来，以为肯定社会价值，而否定个人价值的问题。因此，学生产生了思想政治教育只不过是高谈阔论，对现实生活毫无指导意义的认知和评价，进而产生反感、厌恶的排斥心理。学生具有较强的主体意识、独立意识，他们对事物敢于批判。而内容上枯燥空洞、教学方法简单粗暴的思想政治教育，很容易引发他们内心的反抗情绪。

3. 教育形式较为传统，学生成长的多样化需求得不到满足

当今大学生成长在一个日新月异的新社会，高科技快速发展，各领域的新技术、新事物层出不穷，它们对学生的学习、生活方式产生了深刻影响。学生厌恶循规蹈矩，追求创新是好事，但这同时也对我们的思想政治教育提出了更大的挑战。传统的显性思想政治教育方式，受到空间和时间的限制，只能在特定的场所和时间，采用报告讲座、课堂理论教学等思想政治教育的专门形式开展。

这种教育方式在学生看来，相对单一、呆板，过于静态。思维活跃，勇于创新的学生需要的是和时代发展特点一致的，更加开放，更加多样化，更具有动态的思想政治教育新形式。从另外一个角度来说，高职院校显性思想政治教育大部分采用一人讲、众人听的教学形式。这种教学形式有利于提高教育的效率，在短时间内迅速统一受教育者的思想认识有一定优势。但是，在高校扩张政策的影响下，每位高职生的生源层次是不同的，这就要求思想政治教育要关注受教育者的主体地位，能够充分尊重个体的差异性，满足学生成长的个性化需求，只有这样，学生才能成长为一个独立的、自主的、富有创造性的朝气蓬勃的人。

综上所述，高校显性思想政治教育与高职教育所倡导的"实践性"教育

理念完全相背离。不仅如此,由于其自身单一、枯燥、脱离实际的教育特点无法适应时代发展变化,无法满足学生成才需求,已经成为高校进一步发展的桎梏。显然,单纯采用显性思想政治教育方法显然是行不通的,积极探索隐性思想政治教育的优势互补具有重要的意义。

第二节 互联网视角下高校隐性思想政治教育的现状分析

一、网络视角下中国高校隐性思想政治教育的新契机

信息时代的来临,既给中国大学生隐性思想政治教育带来了一个契机,同时也使其面临着一个挑战。其实,就网络本身而言,并没有"原罪",关键是我们怎样用网络这个手段去正确引导大学生进行思想政治教育。

随着网络传播信息迅速蔓延和载体不断丰富,相较于初高中所学习的政治课知识而言,大学课本中所涉及的内容差别不大,一些高校教师仍然会用老一套的教学方法进行课堂引导,这些对观念先进、思想活跃的大学生来说是无法给他们以心悦诚服的说服力来提高他们心灵触碰感的,这直接影响了大学生学习知识的主动性或积极性。有关隐性道德和品质方面的培养,是一种潜在的、非强制性的培养方式。高校可以通过这种方式在大学生生活和学习等方面进行渗透指导,用来避免那种没有新意的培养方式。在这个过程中,高校工作主要是积极搜寻一些教育对象经常会关注的网站和平台,获得他们平时经常上网的手段,以及他们喜欢从哪些平台或载体中来关注热点大事,了解到学生的喜好,并可以在这些喜欢的平台上来发布或传播一些有利于他们身心或生活的消息,从不同视角、不同平台去关注他们、改造他们,可以更好地与他们沟通,了解他们的思想状况。

在信息高速发展的大背景下,使得大学生的自我意识不断加强,与此同时,网络的开放性和动态性,使得大学生能够最大化的来获取自己所感兴趣的信息,并分析、消化、主动地去传播信息。大学生通常都具有较高的文化背景和知识背景,个性鲜明,思维活跃,主体意识强,对各自所感兴趣的热点问题及重大社会话题有自己独到的见解。随着网络的普及和发展,他们更频繁地使用新的传播媒体来展示自我,他们从内心深处更加渴求自己的意见

和想法得到尊重和承认。因此，类似朋友圈、QQ空间、短视频软件等社交平台拉近了每个人之间的距离。中国网络不断发展，不仅使得大学生更加善于表达自己的观点，同时也为高校网络隐性教育的创新和发展提供了技术支持。

网络已成为发布校园教育信息资源的一个有效平台，它给师生间在网上友好相处提供了充分的技术力量，是高校进行科研、加强管理、顺利工作的一个必要的中介。网络在课堂的使用，丰富了整个教学过程，不仅调动了课堂的活力，也使得老师与学生的交流与互动更加富有特色。现在的大学生将大量的时间用来上网，使得网络思想政治教育更加容易。网络信息的不断发展，鼓励大学生去自主求知，其隐蔽的教育手段和方法不易于大学生产生的逆反情绪，让他们以自愿的方式去感同身受。

二、网络视角下中国高校隐性思想政治教育面临的挑战

（一）对教育内容的挑战

伴随着经济全球化和信息时代的不断发展，中国正以大国姿态一步步走入世界这个大家庭中，经济、政治、文化间的交流进一步加强。当前中国通过各种网络平台或传播媒介等放眼看世界的同时，不断涌入的各种思潮尤其西方资本主义国家利用其经济优势大肆渲染西方的生活方式和价值观，使中国高校大学生的价值取向和道德品质发生歪曲。所以，随着网络时代的迅速崛起，中国高校在信息资源和内容设置方面还存在着一些重大的问题。

首先，中国经济的崛起对中国精神文化的发展提供了必不可少的条件，网络的发展为中国网络文化教育奠定了基础性平台。经济上的富裕促使人们更多地去追寻精神上的满足，而现如今网络资源地更新速度远远超过了人们的期望，受教育对象经常将网络一些导向信息与自己固有的价值观念相联系，使得他们的观念和精神可以更好地碰撞，活跃了中国文化的建设。但与此同时，青少年的品德状况也暴露出一些问题，例如，行为和品德偏离社会要求，不能很好地处理交际问题，对价值选择时立场不坚定等，甚至还存在着享乐主义、拜金主义等错误观念。因此，当前高校网络教育环境对中国大学生健康发展的影响现状还不尽人意。

其次，单纯的思想政治教育以其灌输式、填鸭式的教育方法，越来越容易使高校大学生在平时的思想政治理论课上出现逃课旷课现象；仅有的隐性思想政治教育由于它自身方法的局限性也没能成功地达到预期的效果。因此，高校教师可以利用网络图像、音频视频文件来讲解理论知识，使网络隐性道德品质建设能够有效地发挥优势。网络不再受人文条件的局限，它突破了时空的束缚，受教育者应充分发挥其学习的主动性，利用无限的信息资源量，同各国家和地区的朋友进行交流沟通，直接了解不同的人文地理、风俗文化和思想观念。但是在使用网络平台和网络载体进行交流的过程中，大学生容易受到一些国外人的言论或是一些反动、邪教组织人员的言论就盲目跟从，放弃了自己的政治立场。

最后，在网络中，高校教师通常没有充分利用好自身作为一个榜样力量的良好优势。网络为教育者和受教育者私下交流提供了条件，教育者应充分利用各种网络载体自身有利条件，多与教育对象进行互动，将自身作为隐性道德品质培养的一个重要资源，以身示教，作为一个人生样本，对教育对象开展正确引导。在网络平台中老师与学生之间没有身份差异，能够畅所欲言的相互了解，潜移默化的就可以达到有效的沟通。

与此同时，高校隐性思想政治教育建设是一个将各类学科融会贯通的一个过程，利用网络可以加强不同学科之间的联系，便于学科知识间的借鉴，教育者如果没有利用好网络找到相应的教育资源，或者是没有扩展自身有关教育相关门类的知识体系，则对教育对象来说是个很大的挑战。

但是当前中国对隐性方面的信息和网络资源的挖掘程度远远不够，网络隐性道德培养和心理方面建设的影响作用并没有充分展示出来，而且教育者对许多网络平台的管理和使用还没有达到一个很好的挖掘程度，这说明大多高校教师对网络中所包含的隐性观念培养资源重视度还很低，并未有意识地去进行维护和有效使用，导致网络环境下中国加强隐性品德培养的影响作用并不如人们所期待的那样。因此网络利用水平的提高对于中国高校隐性思想政治教育工作水平的提高有重要作用。

（二）对实践过程的挑战

在我们日常的教学实践当中，高校教师可以把可操作性的工作方法融入于具有亲和力、吸引力的课外实践之中，使大学生们积极的、自愿的、主动的参与到思想政治教育活动中来，在教学过程中将道德标准和价值追求传递给大学生，使高校隐性教育工作能够充分发挥其自身作用。高校教师在实施隐性教育工作过程中一般要采取一些非正式的、不流于形式的方式进行，这与平时上课时所进行的传统授课方式不相同。但是在实践过程中，还要具体问题具体分析，在开展网络隐性教育工作之时，教师还是应该根据工作的具体需求来制订互联网时代高校思想政治教育的解构与重建策略研究＝它的实施细则，不能随心所欲的开展。

大学生作为高校重点培养对象，他们从小的生活环境和人文环境相较于以前有很大的不同，这使得他们待人接物方法以及思维方法更新更加快速。他们更乐于自己主动去寻求答案，自己去创新看待一种事物，而不是满足于被迫的接受高校教师所教授的理论知识；他们随时随地可以用无线网或数据网找到自己所喜欢的信息内容，通过大众评论或热点话题来完善自己的知识体系，不断从只知道一味接受地现状转变为更加自主得分析、选择的状态。

大学生对政治课内容更加期望理论课教师能够轻松的和他们讨论所不知道的人文趣事、名人传记或热点问题，并且希望能够畅快的、没有师生间约束的来表达自己对于一些问题的看法，通过自己有意识的活动去培养、构建自己的"三观"，他们希望教师在整个构建体系过程里能起到引导的作用，而不是强制干预。利用这样的培养方法才能使受教育自主地去接受品德建设，并将建设内容和建设目的彻底地进行内化为自我本身的东西，并运用于实际生活中。

网络隐性思想政治教育实际上说是集合了诸多因素和诸多变量相互作用复杂的过程，主要包括教育主体、客体、目的、环境等一些基本变量在整个教育过程中产生错综复杂的关系，共同发挥作用。在信息时代这个大环境下，教育对象的思想观和道德观发生了重大变化，因而显性教育不再是单一的方法，充分利用网络，使隐性教育方法与时俱进，根据实际的、现实的要求相应的发生转变。网络的不断发展,不仅影响着现有的道德认知,同时新的道德准则也孕育而生。高校隐性思想政治教育实践过程走向何去何从,如何更加积极有效地研究和探索隐性教育实践过程便是中国思想政治教育领域的一个现实挑战。

(三)对教育评估的挑战

1. 对教育评估范围的挑战

大学生网络隐性教育效果评估的内容包括对其道德品质、行为表现力两方面评估。在网络上大学生道德表现主要体现在对重大人物和热点事件发表的评论和看法上。在日常大学生活中思想品德的形成不仅要受到传统理论课学习的影响,同时受到学校文化、班风、与教师关系等很多隐性因素的影响,即我们平时说的要通过理论载体、管理载体和服务载体来培养品德。

看似与学生没有任何关系的老师或是教职员工,甚至包括后勤、楼管的一些人员,对学生的道德素质和心理健康状况的培养都起着不容忽视的作用。这些在大学生心中积压的情绪和老师对学生表现出来的态度令大学生在现实生活中找不到发泄的出口,他们在网上可以自由地抒发自己的情绪,因而在自己的朋友圈中会产生一定的影响,甚至决定了一些陌生人对于一个学校整体的第一印象。

网络传播渠道很多,人员更是繁杂,每一件事、每一条评论、每一种价值导向都对大学生身心状况都会产生一定的影响。它的价值导向对受教育者的道德、品质的形成也随着人物、时间、地点、环境、心情的变化而时刻变化着。因此,要评估教育效果应该把上述因素都应囊括其中,这样对网络隐性思想政治教育的评估才能达到真实、有效。

2. 对教育评估监管的挑战

首先,评估监管形式化,比较分散。中国当前网络隐性教育评估没有明确指定协调机制和管理机构,因而无法正常的进行日常管理。各网络评估主体间没有指定好信息来源的渠道,这就加大了反馈的滞后性,或许因此使信息失真,加大了评估监管的难度。

其次,评估分工不明确,力度待提升。由于网络隐性教育评估在中国还没有真正的开展，这项工作一般是由网络相关评估机构或组织来负责，因为在具体的实施过程当中，缺少相应的监督管理部门来负责。而且效果评估没有具体的评估体系，相关管理机构或部门的分工不明确，相互推诿、相互推责，监督没有效力，评估没有成形。

3. 对评估体系的挑战

隐性教育评估以什么作为衡量标准，具体评价体系如何建立是建立健全中国高校评估体制的难点。随着这个问题被广泛地认知，中国高校相关管理部门人员对评估体制的研究也做出了一定的努力。他们已经在具体的指标体系的建立中有一定的研究，但在实际工作中还有一些不足。网络隐性教育评估的具体指标由谁来做统计，由哪个部门如何进行监管却难以定夺。

与此同时，网络不比现实的课堂教学管理，在网络中信息每分钟都会发布很多，无法限制哪个人或者哪个团体、组织来进行发布，信息传播量大，影响的因素相对于显性教育而言就更为复杂。

（四）对观念意识的挑战

1. 价值观念趋向功利化

在网络时代的今天，以在网络上传播着很多有关权钱、名利收益的信息，这些信息资源使得青少年越来越注重个人利益的得失，而不管集体利益有没有损害，把个人获得多大利益最为自己人生的重中之重，与中国所要求的价值取向有所偏离。

2. 道德观念趋向庸俗化

在网络虚拟的世界里，青少年是否遵守网络规范准则无从考量，各种网络行为不仅不会被网络监管机制所监督或察觉，也不会受到监管人员的约束。因此，相较于一些没有自制能力的大学生来说，在网络中他们很有可能会降低自己道德要求，出现道德观念的庸俗化。

在日常工作中，我们经常发现大学生在面对问题之时候会出现错误判断，从而影响他们的行为方式，并不是因为他们本身品德多么低下，而是因为他们自己并不知道所做的行为会造成什么样的后果。这些现象都是因为青少年没有保护意识或没接收到相应教育而造成的，道德观念的庸俗化对中国青少年来说是一种非常普遍的现象，他们并非真的是有品德上的问题，而是教育出现了问题。这就更加需要我们高校教师在平时实践中给予更多的网上指导，培养他们的法律意识。

3.自律意识趋向淡薄化

网络道德规范要求与现实社会中的道德规范有一定的差距。数字化的网络信息特征使得青少年只是在与其脑海中虚拟的人或组织进行交流，他们内心真实想法或是肢体表现不得而知，即使是对另一方有很大的成见但是通过一些表达或文字形容也可以告诉虚拟世界的另一方不一样的答案，对方只能从你的符号表达中去理解你要传递的信息，因而会发生一些上当受骗的情况。因此，在网络生活中大学生很容易出现知行不相统一的状况。

网络世界中大学生道德行为表现最主要的是靠本人的道德自律和网络素质来维系。因此如何使大学生在网络中控制自己的行为，首先必须提高网络道德自律意识水平。对大学生或者是任何一个组织和个人道德行为的没有规范，任其发展，网络环境将会每况愈下，任何信息将被无限制的发布，如果他们不加选择的利用或传播，必将使网络影响中国高校的隐性教育。可见，网络世界道德规范的特殊性要求必然促使中国大学生提高其网络自我规范的意识。

第三节 互联网视角下高校隐性思想政治教育的路径选择

一、互联网时代高校提高隐性思想政治教育实效的路径

（一）加大投入，创造物质条件

利用互联网优化高校隐性思想政治教育，首先必须加大财政投入，为大学生有效地使用互联网创造良好的物质条件。高校应大力提高多媒体教学设施的配备率，使学生能够很方便地在课内课外通过多媒体设施接触互联网信息。

这样，一方面，让教师的课堂更具魅力，吸引大学生专注于这样的互联网教学，取得更好的教学效果。另一方面，大量的思想政治教育的信息和资料通过互联网这种方式，更轻松、更具吸引力地让大学生接触，贯穿于他们的求知过程中，进一步提高了学习效率。

其次，要加强对互联网环境的监督管理，不断制定和完善相关法律法规，号召全社会共同努力，为大学生营造一个健康的积极向上的互联网文化氛围。也就是说，政府在制定相关法律法规的时候，应该注重对文化传播环境的控制。

当前中国互联网舆论环境混乱的一个重要原因是缺乏相关的法律法规，虽然中国公民享有言论自由的政治权利，但是自由不是绝对的，而是要符合法律法规和道德伦理的约束。网络舆论的合法性和合理性的维持需要网民的自制，同时也需要政府加强相关法律的制定，这样才能有一个自由而又有序的网络舆论环境。

（二）加强教育资源开发和利用，扩大教育影响力

高等学校不但要积极主动、定时定点在相关网站上发布相关资讯，让校园网络充满正能量，更应该积极建设好专门的思想政治教育网站，及时主动宣传及分享校园思想政治教育的相关信息和资料；同时，建设好校园里其他网站和网络平台，充分开发和利用互联网空间，不留一分"荒地"，使垃圾信息存在和生长无任何机会和空间，使思想政治教育的有效信息和资源贯穿学生生活和学习的各个方面。同时，高校教师群体本身也是一种极为重要的隐性思想政治教育资源。"学高为师，身正为范"，高校教师群体的教育资源需要有意识地进行开发和利用。

在大学校园里的高校教师这个群体，教师的人格就是一种极佳的隐性教育资源，对大学生的生活习惯、学习态度以及世界观、人生观、价值观的形成都会产生很大的榜样作用。教师作为学生的一个模仿对象，要不断学习新的科技知识，利用互联网技术和资源努力丰富自身的知识，提高教学水平，深化教学效果，扩大高校隐性思想政治教育的影响力。

（三）校园网络媒体要提高责任意识，弘扬主旋律

营造一个健康积极的校园网络文化环境，仅仅依靠单个网络媒体是不现实的，因此，学校所有网络媒体都必须在宣传思想上保持认识统一和步调一致。各单位网络媒体都应加强自律，积极传播健康向上的信息，抵制庸俗落后的思想观念和文化，为大学生提供真正的"精神食粮"。

学校网络媒体尽心尽责，传播真实信息，营造积极健康的校园网络信息

传播环境,加强本身的责任意识,通过传播健康的有意义的信息达到对大学生群体价值观念和生活方式的教育作用。

二、基于"互联网+"背景下高校思想政治教育有效路径选择

(一)"互联网+"提出及其基本特征

随着世界互联网的快速发展,互联网不仅是一种工具,而且成了现代人们生活不可或缺的重要组成部分,成为社会文化发展不可或缺的动力源。顺应世界"互联网+"的发展趋势,中国的"互联网+"呼之欲出。为了充分发挥互联网在经济社会发展中的正能量作用,切实打造中国经济社会发展新引擎,助推中国经济社会可持续健康发展与转型升级。

"互联网+"其含义就是把互联网的创新成果与经济社会各领域深度融合,推动技术进步、效率提升和组织变革,提升实体经济创新力和生产力,形成更广泛的以互联网为基础设施和创新要素的经济社会发展新形态。

"互联网+"的基本特征就是"万物万联,共通共享""跨界融合;创新驱动;重塑结构;尊重人性;开放生态;连接一切"。毋庸置疑,互联网应用技术的迅速推进给经济社会发展带来了革命性的影响。相应地,"互联网+"的命名及其特征挖掘,也将给社会各行各业进一步发展带来重大的思想启迪。

(二)"互联网+"背景下高校思想政治教育路径选择

1.加强学习,更新结构,提升"互联网+"工具使用与思政教育新平台开发能力

这是当下高校思想政治教育工作者的当务之急,就像古人所说的"欲获其益必先利其器"也。教育的最终目的是为了学生的全面自由发展。"互联网+"背景下,高校思想政治教育工作者只有真正具备熟练操作互联网应用技术的能力,才能更好地服务于自己的教育对象,才能真正地成就他们的全面自由发展。

当代大学生是"互联网+"最大的"原住民"。当代大学生与互联网相伴相随,共同成长;互联网平等、自由、快速、便捷、虚拟、去中心化等特点深深地吸引他们,改变他们,"制造"他们。大学生对于互联网普遍趋于信赖乃至依赖,有着与自身手脚一般的相适关系。他们几乎可以"以网为家",

时刻不能离开凭借互联网所搭建起来的学习平台、生活环境,他们绝大多数都能熟练地运用移动互联网,可以随时随地"QQ""微信""微博""短视频"。

高校思想政治教育工作者只有充分地了解自己的教育对象,并且拿出实际有效的教育对策,才有望肩负起自己的神圣职责。但当下高校一些思政教师的能力表现却未必尽如人意。

一方面,一些思政教师,尤其中老年教师,他们整天为教学、科研、家庭奔波忙碌,根本抽不出时间来进行新媒体技术的学习,自然而然也就谈不上运用,因为无暇顾及所以与互联网失之交臂;另一方面,"代际隔阂"原因,一些中老年教师没有主动学习掌握现代通信技术的想法或干劲,他们只习惯于"老一套",通过传统的方式——翻阅既有的纸质图书、报纸、杂志,听广播看电视等获取自己有限的资料。即使偶尔上网,也只是停留于查阅、下载相关的学术研究材料与数据,或浏览一些兴趣网页、打打游戏之类。

总之,高校思政教师与自己的教育服务对象—年轻的大学生相比,他们的知识结构、信息来源渠道和信息开发利用老化、狭窄、陈旧。教育者和受教育者之间出现了不应有的"数字鸿沟",双方所拥有的知识信息以及各自的兴趣爱好等对话场域元素严重不对称性,导致当下高校思想政治教育出现了许多不尽如人意的地方。

"互联网+"背景下,高校思政教师不仅需要具有深厚的思想政治专业理论知识,还必须与时俱进,积极努力学习现代信息网络通信理论知识,更新、重塑自己的知识结构,不断提高使用互联网的能力。唯有如此,高校思政教师才能找寻到更多更新鲜更实用的思想政治教育切入点,与大学生进行更为广泛深入的交流和沟通;用丰富深厚的专业理论知识和现代信息科学理论的力量、熟练的互联网操作能力以及大学生熟悉的网络语言文化感染大学生,切实提高思想政治教育的实效性。

2. 尊重人性,倡导平等,坚持"互联网+""交互性"思政教育交往原则

尊重人性是互联网最根本的人性文化。所谓人性,是指动物所没有而人所特有的,或者说即便动物也具有,而人类则更高级的,而且是一切人所共同具有的各种属性的总和。是人在同自然、社会和自身三者的对象性活动中

表现出来的区别于动物的一般特性，是人的自然性、社会性和精神性的统一。

具体到"互联网的人性文化"，其核心话语就是依托强大便捷的网络信息通信技术物质基础，建立在人与人之间互相尊重、彼此平等、对话合作之上的"互联互通、共享共赢"局面，从资本物流、人员往来到精神交流，人类全体系全方位的"交互性"交往原则或者生活方式。

简言之，"互联网+"时代文化价值理念极具魅力。高校大学生，在日用商品已不再匮乏的时代，大学生已经不再把物质追求看成他们的唯一，他们更注重的是生命的安逸、随性、自由、平等、尊重等，即人的社会性和精神性需要。"互联网+"的人性文化理念，应用到高校思想政治教育领域，无疑可以促使高校思政教师迅速转变陈旧的教育观念、抛弃传统单一僵化的权威式教学模式，在尊重平等和谐共享的环境之中，更好地引领当代大学生争取未来人性的更大自由与日臻完善。

在"互联网+"背景下，在转变观念、放下架子、丢掉权威之后，高校思想政治教育工作者可以采用线上与线下相结合等方式，既充分发挥传统课堂教学的育人作用，也可以通过QQ、微信、微博、短视频等崭新平台，以朋友的身份，用大学生熟悉的网络语言与大学生平等沟通和交流，了解大学生的兴趣和需要。从大学生的兴趣和实际需要出发，尊重大学生的人性，高校思想政治教育终将取得预期成效。

3.利用主渠道，占领主阵地，发挥"互联网+"优势掌控政治文化话语权

互联网的开放性与跨时空性，给世界各国文化的交流搭建了广阔的平台。

在"互联网+"背景下，文化软实力成为衡量一个国家综合国力强弱最重要的标尺。世界各国为了维护本国的国家利益，保护自己国家的文化资源免遭破坏，每一个国家几乎都在拼尽全力抢占世界文化市场尤其网络文化市场的制高点。

文化有国界，但文明无国界。真正的文明是全人类可以共同分享的文化成果，互联网技术无疑堪称当下时代人类共同开创共同享用的最大文化成果，堪称真正的"现代人类文明"。"互联网+"在经济全球化的强劲推力下，文化全球化似乎也要成为不可逆转的发展趋势，但这并不意味着局部的文化

就可以凭借自己的某种暂时优势而绑架甚至霸用了人类的文明。

任何一个国家，不管它有多强大，欲凭借自己一国之力而在文化上独霸天下，想占尽全天下的"文化市场"，那只能是痴人说梦，即便几个国家联盟有这样的幻想，也终将徒劳。因为，这样的行径违背了文化发展的自身规律。文化客观上有多元存在的一面，正是这一面成了文化发展的真正活力。

对于文化而言，任何标准化一律化的规定，最终只会导致文化的同质化，这就意味着文化的终结甚至死亡，但这种情况轻易不会出现。因为文化说到底就是人的精神创造，有人就会有创造，有创造就会产生文化；文化是生生不息的，文化的灭绝除非人的不存在。所以，我们必须高度重视先进文化构建，弘扬社会主义主旋律，同时必须正视强权文化的存在，坚决抵制强权文化的横行霸道。

我们必须大力加强先进文化的引导作用，同时又坚决抵抗西方文化霸权可能导致的全球文化同质化倾向。这就要求我们必须更多地注意和更充分地承认文化多样性、包容性、创新性、开放性和共享性的那一面。世界各国的文化只有在相互交流、碰撞、融合中，才能得到升华和可持续发展，最终达到共同繁荣。"互联网+"为如此愿景的实现提供了前所未有的强劲助力。

高校思想政治教育事关中国特色社会主义伟大事业接班人培养大事，这是极为重大的政治文化话语权争夺焦点，高校思政教师必须认清形势，保持清醒的头脑，充分发挥高校思想政治教育主渠道作用，力争用中国的核心文化—优秀的传统文化、中国特色社会主义理论体系、社会主义核心价值观等占领互联网阵地，控制网络世界政治文化话语权。

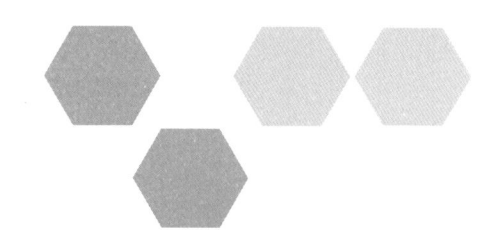

第十一章 新媒体时代下做合格大学生

第一节 合格大学生的标准和原则

一、高等学校的培养目标

大学，是令人想往的圣地。是传授知识的殿堂，是精神文明的生产基地，是高级专门人才成长的摇篮。大学成为高级人才成长的摇篮，具有很明确的培养目标。这种目标包括德、智、体、美、劳诸方面的全面发展。高校的培养目标是根据党的不同时期的总任务确定的。

二、高校培养目标的制定依据

大学的培养目标是国家对高等学校人才培养工作的总要求。我国高校的根本任务，就是根据党的教育方针，培养适应经济、科技和社会发展需求专门的德、智、体全面发展的又红又专的社会主义建设人才。根据这个根本任务的需求，"四个应该"就是新时期我国高等学校培养目标的总的需求。

在总的要求一致的条件下，各类高等学校又可根据自己的特点和任务制定具体的培养目标。制定的培养目标体现以下几点要求：一是必须坚持教育的社会主义方向，全面贯彻党的教育方针，德智体等各方面全面发展；二是贯彻教育要面向现代化、面向世界、面向未来的战略思想，三是适应社会主义的经济建设和科学技术发展的需求；四是要符合人才培养的规律，坚持社会发展需求与人才的发展需求的辩证统一。培养目标不是一成不变的，它随着社会发展、科技进步等多种因素的变化而变化，所以，培养目标具有鲜明的阶级性和时代性特征。它是一个历史的范畴。

三、高校培养目标的基本规格

（一）文科本科的培养目标和基本规格

1. 培养目标

文科本科培养具有坚定正确的政治方向，坚持四项基本原则，坚持改革开放，为建设具有中国特色的社会主义献身的德、智、体全面发展的高级专门人才，从事理论研究或实际工作，培养社会主义建设需要的实际工作人才为主。

2. 基本规格

第一，能完整、准确地理解基本原理，热爱中国共产党，热爱社会主义，具有爱国主义、国际主义的精神。

第二，具有坚定的建设有中国特色社会主义的信念，树立科学的世界观和为人民服务的人生观，有抵制资产阶级自由化和一切剥削阶级腐朽思想的能力，能坚持调查研究，具有实事求是的作风。

第三，正确理解马克思主义关于本门学科的基本理论或方针政策，解放思想，支持改革。

第四，懂得社会主义的民主和法制，遵纪守法，有良好的道德品质。

第五，具有专业所需的基础理论知识和一定的专业知识，了解本专业的新成就、新发展。

第六，学会和掌握社会调查、科学研究的基本方法，有较强的写作能力。

第七，至少掌握一门外语，主修的外语要通过国家的"四级英语"的统考。

第八，具有健康的体魄。

（二）工科本科的培养目标和基本规格

1. 培养目标

工科本科教育培养适应社会主义建设需要的，德、智、体、美、劳全面发展的，获得工程师基本训练的高级工程技术人才。学生毕业后主要去工业生产第一线，从事设计、制造、运行、研究和管理等工作。

2. 基本规格

第一，热爱社会主义祖国，拥护共产党的领导，坚持社会主义道路，有为国家富强、民族振兴而奋斗的理想，有为人民服务、艰苦创业的精神和社会主义的事业心、责任感。

第二，值得马克思列宁主义、毛泽东思想的基本原理，具有坚定的建设有中国特色的社会主义的信念，了解围内外形势和党的路线、方针、基本政策，支持改革，有抵制资产阶级自由化和一切剥削阶级腐朽思想的能力。

第三，积极参加社会实践，受到必要的军事训练，能够同群众结合，理论联系实际，热爱劳动，具有实干、创新精神和良好学风。

第四，懂得社会主义民主和法制，遵纪守法，有良好的道德品质。

第五，系统地掌握本专业所必需的自然科学基础和技术科学基础的理论知识，具有一定的专业知识以及相关的专业知识和技术经济、工业管理知识，注意和了解专业范围内的科学技术发展趋势。

第六，掌握与本专业发展有关的应用技能和操作技能，针对新技术革命发展趋势，要求大学生掌握计算机的应用技能。

第七，有较强的自学能力和一定的分析、解决一般工程实际问题的能力，具有工程经济观点，受到工程设计方法和科学研究方法的初步训练。

第八，掌握至少一门外语，达到"四会"要求，通过国家"四、六级英语"统考，能够顺利地阅读本专业的外文书刊。

第九，了解体育运动的基本知识，掌握科学锻炼身体的基本技能，养成锻炼身体的习惯，达到国家规定的大学生体育合格标准，讲究卫生，身体健康，能胜任未来的工作。

第十，具有较好的文化素养和心理素质以及一定的美学修养。

四、全面发展的具体要求

（一）全面发展的含义

全面发展，就是使自身的各种素质都得到和谐健康的发展。一般来说，人才的素质是由德（即思想品德）、识（见识）、才（才能技艺）、学（坐问）、体（身体）等多种要素组成的。这些要素之间互相联系，互相促进，辩证统一，缺一不可。

（二）全面发展的具体要求

社会主义现代化建设对人才素质的全面发展提出了更高的要求。例如，一个企业需求的大学生条件是不但掌握专业知识，而且还要具有一定的社会知识，既有一定的社会交往能力，还要有经济头脑和较强的外语应付能力以及知识的广博。特别是在企业重视经济效益的这个现实中，企业的工作人员不但要独挡一面的工作，而且还能兼担另外的工作。所以，大学生要成为全面发展的人才，才能适应这种社会的需求。我们的大学生是计划经济走向市场经济时期的大学生，应该了解社会对人才的需求标准，十分重视自我塑造，自我培养，在竞争中得以生存和发展。首先，培养自己科学的世界观和思维方法，即努力学会用马克思理论去观察、分析和解决现实问题，尤其在复杂的社会问题面前要学会冷静分析，树立坚定正确的政治方向、科学的世界观和人生观。消除一切脱离我国现实的空想和意识。其次，树立高尚的道德，把求学和做人有机地结合起来，培养自己的集体观念，在集体环境中加强自己的品行修养。第三，在学好专业课的基础上，博览群书，扩大知识面，建立完善的知识结构。第四，保持健康的体魄和充沛的精力，学会科学用脑，合理安排作息时间。第五，培养现代化观念，适应现代生活方式。现代观念包括时间观念，竞争观念，人才观念，经济观念，效益观念，信息观念。第六，增强思维能力。思维能力就是人们通过实践活动，运用比较、分析、综合、归纳、演绎等方法，形成概念、判断并进行推理的能力。要增加思维能力，就要突破传统的思维定势，培养思维的广阔性、深刻性、批判性、灵活性、逻辑性。，第七，还要培养自己的其他能力。例如，独立获取知识的能力；特殊（专业）能力，即从事特定专业和职业活动所需要特别的操作功能；了解和掌握专业技能的要求和标准，在实际操作中具有独立解决问题的能力；能够独立工作，有勇气在关键时刻坚持不懈，勇于承担责任，并能与别人友好合作；有好奇心，勇于实验，并力求准确；有独立性，愿意探索自己特有的研究途径，不但能过细地考虑自己的工作，而且还有全局观念；在开始一项科学研究项目时，即使暂时得不到什么荣誉、赞扬和报酬，也要有责任感，坚持不懈；富有想象力，具备像作家、艺术家、音乐家那样的想象力，以及组织管理能力；等等。

二、适应大学生活、立志成才

（一）把握大学生活的新特点

1. 新的学习要求

社会主义教育的目的，就是要使受教育者在德育、智育、体育等方面得到全面发展，成为有社会主义觉悟、有文化的接班人。因此，学生在校的主要任务是学习。由于中学与大学的培养规格的差异，使大学学习与中学学习在教学任务、学习方法等方面有许多差异。

（1）教学任务不同

普通中学教育是一种基础教育，它的主要任务是向学生传授科学文化的各种基础知识，为他们的升学或就业做好一般性的准备。大学教育则是向学生传授各种专业知识和专门技能，为将来从事的高科技、高层次管理打下基础。

中学教育与学生未来的具体职业并没有什么必然的联系。而同学们考进了某高校某专业后，就意味着将来有可能长期地，甚至终身从事这类性质的职业。这种专业上的相对稳定性，更加具体地体现了社会的需要，反映了党和人民的希望和要求。所以，大学生的学习生活与我国的整个社会生活的联系更加紧密了。所以，从现在起，就要立下献身于祖国社会主义现代化建设的大志，热爱自己的事业，树立高度的社会责任感和事业心。

（2）教学方法不同

从教学方法看，中学大都注重传授知识，就是把现存的知识结论全面地、完整地传授给学生，以便不断扩大知识的积累。大学生，即使大一的学生，也具备了一定基础知识的储存，并在实践中摸索和掌握了一定的学习方法和技巧。因此，大学的教学方法强调启发式，充分发挥学生学习积极性和主动性。

课堂讲授仍是大学教学的基本形式，但这种讲授与中学相比，教师注重讲解重点，难点和疑点，更注重引导学生思维，培养学生发现问题、分析问题和解决问题的能力。有人总结大学授课特点是"五多五少"：即，介绍思维多，详细讲解少；抽象理论多，直观内容少；扩展内容多，照本宣科少；参考书目多，课外习题少；课外时间多，上课时间少。

总之，单纯传授知识已不是大学教学的唯一功能。大学教学的根本任务，不仅仅是给学生以知识，更重要的是对学生进行智力和能力的训练，培养学生获取知识的方法。形象地说，既给学生提供"黄金"，又教会他们"点金术"。

（3）学习形式不同

从学习态度、学习方式看，中学生的学习是一种被动的、照搬性的学习。在教学时间的安排上，中学都是以课堂教学为主，课时多，份量重，超负荷的作业几乎占据了所有的业余时间。学生学习的直接驱动力在于应付考试和测验，缺乏积极性和主动性。

大学提倡自学为主。大学教学时间相对中学要松散些，自习时间增多，作业量相对减少，考试、考查虽然也有督促和强制学生学习的功能，但更重要的是检验学生掌握学业的程度和效果。

业余自学时间增多，而且完全由学生自己自由安排支配。学生主要通过自修、阅读和钻研，摄取专业知识和与本专业知识相关的边缘知识，增长才干。

（4）教学内容不同

中学是基础教育，它的教学内容是全面的不定向的。大学教学则是一种定向的专业教学。专业教学的一个显著特点，是大大提高了对教学内容深度和广度的要求。大学教学不仅要向大学生讲授与专业有关的基础知识，还要向大学生讲授高、精、尖的理论和最新的科学技术成果，不仅要向大学生介绍学科发展上已有的定论，还要介绍尚在探索争论甚至一些预测的问题。在教学内容的广度上、尽管所开设课程的涉及面有一定程度的缩小，但每门课教学中则要体现出对多方面知识的综合运用。这一切说明，大学生的学习，与科学文化各个领域发展的前沿阵地更加接近了。对理工科大学的专业教学来说，主要是科学技术教育，这种科学技术教学是中学时期普通教育的延伸，是科技发展的必然要求，也是科学技术发展的基础。

2. 新的生活方式

（1）自主性

大学生活是从家庭生活走向社会生活的开端，是大学生人生旅途的重要一环。大学生生活方式的变更主要表现在从依附家庭到独立生活的转化。

大学生入学前，一般在家中都受到特殊的照顾，享受家庭最优惠的待遇，诸事由家长包揽、操心。他们唯一的任务是学习考大学，其他一律不过问，甚至过着"饭来张口，衣来伸手"的生活。

大学生的生活，脱离了家庭，远离父母的关照，失去了依赖、靠山，衣食起居一切由自己安排，这种在生活中由依附家人到独立自理的过程，有人称之为"第二次断乳期"。

大学生生活自理并不排除外援，相反，同学们之间在生活上的互相帮助是经常发生的。学校各级领导、班主任、辅导员也会从各方面给予关怀。但是外界的帮助毕竟不同于家庭父母对子女的关照，更不能代替学生个人生活上的自理。

（2）群体性

大学生活方式的变更也表现在由个体生活向群体生活的转化。

中学生活虽然也能生活在群体之中，但学生一般都居住家中。即使个别学生住校，同学们也是来自同一地区，生活习惯相近，生活特点相同。如此，中学的个体与集体的密切程度，依赖程度都将比大学有很大差别。

大学生来自祖国的各个地区，而且同吃同住，朝夕相处，形成了有大学特色的生活群体。在新的群体之中，大学生在生活上互相影响，互相效仿，互相攀比。这对大学一年级新生来说其影响是较为明显的。

大学群体生活中，积极而健康的因素是同学之间的互相帮助，互相学习，互相关心。当然，也不能不看到，大学生活的群体会出现一些矛盾和冲突，如不妥善处理，会使矛盾加深乃至恶化。

（3）开放性

大学生活方式的变更还表现在从封闭型生活向开放型生活转化。大学生活开放性表现在：第一，校际联系增多；第二，高校多处于经济、文化发达地区。大学生不满足于原有的家庭生活方式、生活观念等单调枯燥的现状。饮食上讲究吃好、喝好；衣着上讲究款式新颖、名牌；业余文化生活上追求时髦。

第十一章 新媒体时代下做合格大学生

（二）适应变化，立志成才

1. 力争良好的开端

俗话说："万事开头难。"大学生要尽快适应生活，必须要创造一个良好的开端，战胜和克服心理上的各种障碍，迈好第一步。争取良好的开端，其一要正视现实。因为，大学并不象想象中那样完美，有的地方甚至还不如中学，现实会使一些学生产生心理上的失落感，已有的热情和希望化为消沉和失望。所以，大学生要正视现实，面对现实，而不能逃避现实，应充分地利用好现有的条件，在知识的长河中继续奋力拼搏。其二要正视自己。进入大学，部分学生惊异地发现自己原来的优势并不是优势，小学时的鹤立鸡群变成现在的平庸之辈。地位的变化，将产生情绪的变化，心灰意冷，甚至会丧失斗志。常言道"哀莫大于心死。"只要有决心，有志气，正视自己，振作精神，奋起再战，何愁不能建立新的优势，不能改变现有的格局。

2. 保持竞争优势

当今社会是一个竞争的社会，竞争的浪潮以锐不可挡之势冲击着社会生活的各个领域，平静的校园也失去了以往的平静、面临着激烈的竞争，要么进取成才，要么落后被淘汰，每一个大学生都必不可免地要做出抉择，迎接新的挑战。

迎接新的挑战首先强化竞争意识。其一，大学所提倡的竞争是一种成才的竞争，靠真才实学取胜，来不得半点虚假和伪假。坚持竞争和合作相统一，互相关心，互相帮助，达到共同进步。其二，要坚定必胜信念。勇气靠信心支撑，要在竞争中保持优势，必须建立必胜信心，信心是事业成功的秘决。

坚定的必胜信念来自对自己正确客观的评价。它要求我们既要充分看到自己的长处和优势，善于发扬光大，又要看到自己的缺点和不足，善于克服、避免，"择其善者而从之，其不善者而改之。"

坚定必胜的信念，并不提倡盲目自信。盲目自信是过高估计自己、缺乏自知之明的表现。必胜的信心是事业成功的保证，盲目自信只能毁掉前程和事业。

困难和胜利是难免的，面对困难和挫折，灰心、退却意味着失败；攻坚、克制才能达到胜利的彼岸。我们的大学生，生长在和平安定的环境中，缺乏艰苦奋斗的实际锻炼，经不住挫折和失败的考验。因此，更需要加强对精神意志的锻炼。

3.讲究竞争策略

（1）要有明确的目的性

任何个人都既有长处，也有不足，不可能在一切方面都能获得成功。因此要在竞争中取胜，首先要有一个明确的奋斗同标，选择最有利于发挥自己优势的方面作为突破口。

（2）要打好"四个基础"

在我们社会主义大学里，任何个人的成功都是建立在坚实的思想基础、理论基础，信念基础和实践基础之上的。

（3）要积极参加学校的各种知识竞赛活动

如学科知识竞赛，综合知识竞赛、个人素质竞赛等。参加这些竞赛活动，既可以强化竞争素质，培养竞争意识，又可以提高竞争能力，在竞争中学会竞争。

（4）要善于抵制各种消极因素的影响

在竞争的过程，有来自积极方面的影响，又有来自消极方面的影响。前者促使走向成功，后者则可能使你败下阵来。因此，我们要学会把握和利用积极因素，学会抵制和克服消极因素的影响，寻找机遇，创造条件，化消极因素为积极因素。

总之，通向成功的路坎坷不平，荆棘从生，但是，只要具有强烈的竞争意识，必胜的竞争信念和正确的竞争策略，坚韧不拔，百折不挠，楔而不舍，顽强进取，就一定能达到预定的奋斗目标。

第二节 新媒体时代下大学生要高举爱国主义旗帜

在我国历史上，爱国主义从来就是动员和鼓舞人民团结奋斗的一面旗帜，是使我的各族人民富有凝聚力和向心力的伟大精神力量，是使我国繁荣富强的伟大精神动力。在维护祖国统一和民族团结、抵御外来侵略和推动社会进步中，爱国主义发挥了巨大作用。在它的激励下，我国各族人民自强不息，锐意进取，在中国共产党的领导下，开辟了我国走向富强昌盛的辉煌道路。历史新时期的爱国主义与爱党、爱社会主义是高度统一的。在建设有中国特色社会主义的今天，广大有志青年必须高举爱国主义的旗帜，增强历史的责任感和时代的紧迫感，振奋民族精神，坚定共产主义信念，共同为振兴中华，实现"四化"而贡献力量。

一、爱国主义及其新时代特征

祖国是我们的父母之邦，爱国主义是引导我们前进的光辉旗帜。爱国主义不仅是对祖国壮丽河山、悠久历史和灿烂文化的无比热爱和无限眷恋，更表现在为国家、民族的命运和繁荣昌盛而英勇奋斗的献身精神，这是爱国主义的最高体现。

（一）爱国主义丰富的内涵

1. 爱国主义是人们对自己祖国的一种深厚感情

爱国主义情感是人们在社会实践中逐步形成的。在人类社会早期，人们随着定居生活的发展，产生了对乡土之情的深深眷念。这种感情随着民族、国家的形成而逐步发展为一种强烈的民族意识即对祖国的一片热爱。也就是说爱国主义作为一种社会意识形态，是随着国家的出现而产生的。它一经产生，就成了一个国家和民族生存、巩固和发展的精神支柱，这种世代相传的爱国主义情感是各个时代，不同阶段的人们所共有的。也是维系一个国家和民族生生不息的巨大力量。爱国主义情感促使人们把自己的利害得失同国家、民族的兴衰荣辱联系起来，这种紧密相连的关系，要求人们承担对祖国的义务和责任，维护祖国的独立和尊严，促进民族的团结与祖国的统一，自觉地肩负起振兴中华建设"四化"的重任，为使祖国成为富强、民主、文明的社会主义国家，贡献自己的聪明才智和全部力量。

2. 爱国主义是调整个人同国家、民族关系的最基本的道德规范

世界各国的公民都是以是否热爱自己的祖国、能否为祖国贡献力量作为尺度来评价一切个人、集团、政党阶级的言行，评价一种学说、理论、思潮的是非，并以此来鼓舞和激励人们的爱国主义热情。也正是因为人民把爱国

主义早已视为一种道德规范,对历代的卖国贼如秦桧、汪精卫之流总是痛恨不已,斥之以鼻。

爱国主义作为调整个人与国家、民族之间关系的道德规范,要求人们把祖国、民族的利益置于高于一切的地位。当个人利益与国家、民族利益发生矛盾时,应以个人利益服从国家、民族利益,甚至牺牲个人的生命以保全祖国、民族的利益。这是世界各国、各民族的人民在长期的社会实践中形成的基本原则。

(二)爱国主义的基本特征

爱国主义情感是人们在社会实践过程中逐步形成的,它具有影响的深远性,超强的稳定性,情感的激励性,整体的国民性,行为的评价性和时代的阶级性等特点。

1.爱国主义作为对自己祖国的一种崇高而深厚的感情,有着深远的影响性

祖国是一个最崇高、最神圣、最庄严而又最沉重的字眼,对于每一个国民来说,祖国意味着责任和奉献;也意味着骄傲和自豪。古往今来,人们总是把最亲切、最热烈、最深情的用语寄予给她,以表达对自己祖国的无限崇敬和爱戴之情。很久以来,我们中华民族的祖先就在华夏这块土地上繁衍、生息。他们用自己的聪明才智,艰苦耕耘,立志装点河山,建设家园。从而创造了光华四射,辉煌灿烂的中华文化。推动了中华民族的繁荣兴旺、促进了人类文明的发展,使他们用自己聪颖的智慧和勤劳的双手,树立起中华民族的自尊,铸成了中华民族的威严。多少年来,这种深沉的爱国主义情感一直奔涌在炎黄子孙的血脉之中,激励着每个华夏儿女为祖国的繁荣昌盛而艰苦奋斗,创造了举不胜举的人间奇迹。在改革开放的今天;我国人民更是不忘传统的美德,锐意进取,把爱国主义同社会主义融合在一起,建设着有中国特色的社会主义。取得了举世瞩目的成就,使中华民族之魄,再度震撼了世界。

2.爱国主义是一种坚定的稳固的感情

爱国主义是一种最深厚的感情。这种世代相传的爱国情感,是永远不会被随意改动的。这种对祖国的爱是永恒的,坚定的,不管你身在祖国还是远

离国土，也不管你的祖国是贫穷还是富强，祖国永远是祖国，在祖国母亲的面前，她的儿女应永远拥有永恒的爱。

3. 爱国主义具有深沉的情感激励性

慷慨激昂的爱国情感不知激励了多少坚贞的爱国者前赴后继，血沃中华。历史的经验反复证明，在中华民族历史发展的各个阶段上，这种根植于华夏大地并且经过千百年的锤炼巩固起来的爱国主义精神从来就是一种巨大的精神力量。正是因为这种爱国主义精神，才使中华民族有如黄河、长江汇集百川那样，吸收汇聚了中国境内众多的大小民族，历经几千年的大风大浪和兴衰变化而一直稳固地凝聚在一起，并且一直保持着伟大民族的勃勃生机和活力，巍然屹立于世界的东方。正是因为有了这种爱国主义精神，才使得中华民族"江山代有人才出，各领风骚数百年"，他们同广大中国人民一起创造了光彩夺目的中华文明，并对东方以及世界的文化产生了深刻的影响。也正是这种爱国主义精神，才使得外国的入侵者，从踏上中国土地的第一天起，就遇到了中国人民的拼死抵抗，才使得无数的忠诚儿女，为了祖国的尊严和利益，为了祖国的强大和繁荣，呕心沥血，发愤图强，自强不息，奋斗不已。

爱国主义还具有整体的国民性。爱国主义是每个民族和国家的精神支柱，几千年来，中华民族历尽了无数内忧外患，甚至几临绝境，但是始终维系不坠，保持着祖国的统一和民族的团结。这固然有经济、政治和社会历史多方面的原因，但根本原因之一，还是我国人民在爱国主义精神激励下的自强不息，维护祖国团结和统一的伟大的凝聚力和生命力起了巨大作用，爱国主义这种整体的国民性和社会的整体发展推动了祖国历史的前进。

4. 爱国主义具有行为的评价性和时代的阶级性

不同的阶级、不同的时代，爱国主义有着不同的内容。但爱国主义作为一种道德规范，一直是衡量人们行为的美与丑、是与非；颂扬还是唾弃、效法还是惩戒的一种标准。长期以来，人们一直用爱国主义来要求和评价人们的行为和道德水平。爱国主义作为共同思想感情的集中表现，由于公民所处的经济地位不同、阶级利益不同，因此反映在文化、心理素质和思想感情上也有对立的一面。公民思想感情上的统一和对立，构成了阶级社会中爱国主义的本质特征。所以，对爱国主义必须进行历史的、阶级的分析，从而作出正确的评价。

剥削阶级的爱国主义，主要是爱他所掌握的国家政权，维护他们的个人私利。尽管剥削阶级总是把自己阶级的利益，说成是祖国的利益，但是这种利益并不能代表祖国人民的利益。与之相反，劳动人民的爱国主义才是真诚的、坚定的。他们以自己的丰勤劳动，创造了祖国的物质财富和精神财富，推动着祖国的历史车轮不断前进。我们说这才是真正值得讴歌颂扬的爱国主义精神，才是得以名垂青史的爱国主义精神。而剥削阶级的爱国主义则只能是富有狭隘思想和局限性的爱国主义。当代中国人民的爱国主义是无产阶级的爱国主义，它主要表现为热爱伟大的中华人民共和国，热爱中国共产党，热爱社会主义制度，积极为巩固人民民主专政和反对一切颠覆人民政权的阴谋及外国的侵略而斗争，热爱祖国的人民、疆土、资源、文化、生活和民族的历史传统，具有民族自尊心和自豪感，鄙视崇洋媚外和自尊心理、自觉为建设四化，振兴中华，维护民族团结和推进祖国和平统一大业而奋斗。

二、弘扬爱国主义优良传统

泱泱神州，悠悠千载，炎黄子孙经过无数次激发、凝聚、升华，形成了具有自己特色的爱国主义民族精神。这是中华民族生存的能源，是中华民族发展的动力，弘扬爱国主义精神是时代的召唤。

（一）爱国主义是中华民族的优良传统

中华民族悠悠的历史和丰富的社会生活孕育了我国各族人民的爱国主义优良传统，使我国人民有着强烈的民族意识。中国人民的爱国主义传统，在中国共产党领导的革命斗争中，得到了最集中，最光辉的体现和重大的发展。在中国共产党的领导和教育下，中国人民大众特别是知识分子，也高度继承和发展了中华民族的爱国主义精神。朱自清先生在抗日战争爆发后，正值在西南联大任教，他一边教学，一边用他的诗文揭露黑暗的现实，歌颂学生的爱国精神，呼唤新中国的诞生。

我们中华民族的爱国主义传统还表现在维护中华民族的团结和统一，反对侵略，捍卫祖国独立和统一，创造中华文明，推动社会进步等方面。我们的祖国自古以来就是一个多民族的国家，在共同缔造中华文明的伟大实践中，各民族之间结成了唇齿相依，生死与共的兄弟情谊。从古到今，我国各族人民无不渴望统一，支持统一。孔子大统一的主张，曹操统一全国的勃勃雄心，康有为爱大中华、爱统一的言论，孙中山寻求和平统一的志向。无不渗透着中国人民渴望统一的强烈热情。历史经验告诉我们，凡是在我们的国家和平统一的时期，经济、文化就发展、进步，统一则强大，分裂则衰败。千百年来，中华民族之所以在被外敌入侵，列强凌辱的情况下，能力众一心，同仇敌忾，一个根本原因就在于中华民族自古以来就是一个多民族的国家，中华大统一的思想根深蒂固。

祖国统一是时代的需要，民族的需要，人民的需要，也是我们这一代中国人所肩负的神圣使命。因此，一切爱国的中国人，不论他来自哪个阶级、政党、团体，不论他来自哪个民族和地区，都应当携起手来，团结合作，竭尽全力，为完成祖国统一的千秋伟业贡献我们毕生的力量。

中华民族是勤劳、勇敢、智慧，富于创造精神的伟大民族。在我国古代历史上，各族人民用自己的辛勤劳动，共同创造了光辉灿烂的中华文明，既为祖国赢得了荣誉，也为人类作出了贡献。

我国古代人民在创造中华文明的实践中所取得的卓越成就，主要有以下四个方面：一是开创了发达的农业，使我国成为世界上许多农作物的起源中心。二是开创了先进的手工业，其中，丝绸织品、陶器早已流芳于世。三是创造了举世闻名的科学技术。尤其四大发明，为人类进步作出了举世公认的贡献。四是创造了光彩夺目的古代文化。我国古代著名的文学家、艺术家如群星灿烂，光芒四射，他们为中华民族文明的繁荣兴旺和世界文明作出了杰出贡献。

我国古代人民不仅以自己无穷的智慧和勤劳的双手创造了光辉灿烂的中华文明，而且以刀枪和热血进行了无数次的革命斗争，推动着中国社会的不断进步。当衰败腐朽的王朝发展到不推翻它人民就无法生存，社会就不能前进的时候，一些被压迫、被剥削阶级的杰出代表则揭竿而起，率领千百万贫苦人民举行武装起义。仅在两千多年的封建社会里，广大农民为了反抗地主阶级残酷的剥削和压迫，就举行了大小数百次的起义，起义次数之多，规模之大，都是世界历史上所罕见的。尽管这些起义都以失败而告终，但是每一次农民战争都给封建势力以沉重打击，从而使新王朝的统治者不得不吸取前朝覆亡的教训，采取一些与民休养生息的政策，这在客观上有利于社会局势的安定，有利于生产力的恢复和发展。

中国古代人民为促进社会进步的斗争，不仅表现在武装起义方面，而且还表现在改革弊政方面。当社会矛盾逐渐尖锐而发生政治或经济危机时，一些具有远见的政治家，改革家则顺应历史潮流，积极改革弊政，力图达到治国安民的目的。历史上有名的商鞅变法，王安石变法以及东晋王猛、唐朝魏徵、明清之际的顾炎武等人的改革，对我国社会的进步与发展也起到了积极作用。虽然这些改革有其时代局限性，但有利于社会安定和经济发展，符合人民和祖国的利益，也具有爱国的性质，受到了后人的永远敬佩和仰慕。

（二）继承和发扬爱国主义的优良传统

爱国主义是中华民族的崇高美德。在新的历史条件下人们应该怎样继承和发扬爱国主义的优良传统呢？

1. 要认识学习和深刻了解我们的历史，尤其近代史、现代史，增强民族自尊心和民族自豪感

我们的祖国是一个历史悠久的文明古国。长期以来，雄伟壮丽的河山，光辉灿烂的文明，自强不息的革命传统，培养了中华民族高昂激扬的民族自尊心和自豪感。在近代，虽然中国暂时落后了，但中华民族的民族自尊心和民族自豪感不但没有因而淹没，而且更加激发了振兴中华的自信心。今天，中华民族的历史翻开了新的篇章，我们为祖国取得的社会主义物质文明和精神文明建设的伟大成果而自豪。社会主义制度如阳光雨露，使古老的中华文明焕发青春。尽管我们的新中国是在经过长期战争破坏，经济文化极其落后的基础上起步；尽管有过曲折，有过失误，但还是彻底改变了旧时代中国人受歧视受凌辱的历史。我国执行独立自主的和平外交政策，在和平共处五项基本原则基础上发展同一切国家的友好关系，反对霸权主义和强权政治，支持被压迫民族和被压迫人民的正义斗争，维护世界和平，促进人类进步，为

中国赢得了崇高的荣誉和地位。工作居住在海外的中国人都在切身处境的变化中，感受到了国际上对中国和中国人民的友好和尊重，感受到了"中国人民站起来了"的真正含义。一切真正的爱国者都为中国的独立、繁荣、富强及其所享有的崇高的国际地位而感到由衷的自豪和欢欣鼓舞。

2. 要坚信社会主义的优越性，热爱社会主义中国

在今日中国谈爱国，不热爱社会主义制度是不现实的，也是不可思议的。继承和发扬爱国主义传统与热爱社会主义制度是一致的。历史证明，坚持捍卫中华民族尊严，期望中华繁荣昌盛的爱国者，大都会成为忠诚的社会主义者或社会主义的可靠朋友。振兴中华，建设四化，必须坚持社会主义方向，走有中国特色的社会主义道路。我们对社会主义的优越性应当坚信不疑，走社会主义道路的决心应当坚定不移。

3. 要正确认识和对待我国的现状，发扬为振兴中华而奋发图强的精神

作为一个中国人，应当正确对待祖国暂时的贫穷和落后，要树立高度的民族自尊、自信、自强精神，永远不甘心贫穷，永远不甘心落后，要励精图治，奋发图强，自觉地和祖国社会主义现代化建设事业同呼吸、共命运、在自己的岗位上努力学习，辛勤工作，促进安定团结、促进建设和改革。我们青年学生更应做到有爱国之情、报国之忠、建国之才和效国之行。爱国之情，就是关心祖国的荣辱兴衰，并准备随时为她献身的炽热感情。报国之志，就是振兴中华的雄心壮志。建国之才，就是建设祖国和保卫祖国的本领。效国之行，就是把强烈的爱国热情，远大的报国志向化为实际行动，脚踏实地投身爱国主义实践，兢兢业业，身体力行，为彻底摆脱我国的贫穷落后的帽子，而无私地奉献自己的聪明才智。

（三）要热爱和弘扬辉煌灿烂的中华民族文化，建设有中国特色的社会主义文化

中华民族有着源远流长、博大精深、影响深远的辉煌灿烂的传统文化。中国的历史传统和优秀的民族文化使我们每个中华民族子孙引为骄傲和自豪。中华民族文化是一个丰富博大的有机整体，既包括汉民族的文化，也包括少数民族的文化；既包括悠久的古代文化，也包括近代现代的文化；既包

括物质的文化，也包括精神的文化。中华民族文化对于人类进步和发展产生了广泛而深远的影响，对人类文明作出了巨大的贡献，是世界文化宝库中璀璨的瑰宝。我们应该珍惜，保护和发掘中华民族的优秀文化遗产，并在继承的基础上发扬光大，有所创造，有所前进。

建设有中国特色的社会主义文化，是建设有中国特色的社会主义的一个重要方面。这种新文化一定要根植于中华民族文化的深厚土壤，深入地研究中国的历史文化，在继承和弘扬民族优秀文化的基础上。并结合我国社会主义建设的新情况加以建设，这是当代大学生的光荣历史责任。我们还应该认识到，要推进我国社会主义现代化建设，如果没有相应的思想文化建设予以配合，也是不可能做好的。思想文化这块阵地，社会主义思想文化不去占领，资本主义思想文化就必然会去占领。那些搞资产阶级自由化的人，就会趁机贩卖西方腐朽的资产阶级思想文化，以至把人心搞乱，使社会不得安宁。当然，要建设民族形式与社会主义内容结合的中国特色的社会主义新文化，是一个需要认真实践和探索的重大课题，也是一个长期的过程。但是，只要我们各族人民，包括我们青年一代，在马克思列宁主义毛泽东思想的指导下，坚持为人民服务，为社会主义服务的方向和"百花齐放，百家争鸣"的方针，继承和发扬中华民族的优秀文化传统，吸收世界优秀文化成果，那么，随着我国社会主义经济、政治的发展，就一定能够建立起中国特色的社会主义文化。

三、新媒体时代下的爱国主义

在当代中国，爱国主义与社会主义本质上是统一的。爱国就是要热爱社会主义新中国。发扬爱国主义精神，就要致力于社会主义事业，为祖国的社会主义现代化建设，为祖国政治经济和社会的进一步稳定发展，为祖国的统一大业而奉献力量。

爱国主义决不是因循守旧，固步自封，中国的爱国者从来都是坚定的改革者。在我国古代，反对社会停滞和倒退，要求改革变法，推动社会进步是封建有识之士关心祖国前途和命运，争取祖国强盛的爱国表现。我国古代的王安石、范仲淹，近代的康有为、梁启超，也都是以改革变法而名垂史册。虽然这些改革家只是在封建君主制度许可的范围内采取了一些改革措施，这些措施中不乏失败之例，但是他们的改革在当时的条件下起到了推动生产力和社会进步的作用，也在一定程度上反映了人民的意愿。所以，顺应历史潮流的发展而革故鼎新是中国爱国者最可贵的品格。爱国也决不是自我封闭，搞狭隘的民族主义，世界上任何一个国家和民族的发展，都离不开同其他国家的联系和交往。对于这一点，我们中华民族是有高度自觉性的。我们坚决反对外来侵略，但从不拒绝同其他国家的友好交往。恰恰是我们的先人开辟了人类交流史的先河。中国古代的爱国者不但是坚定的改革者，而且是对外开放的实践者。仅自汉唐以来，无论是张骞的通使西域，还是有识之士的"睁眼看世界"和"酌取西法"都生动地体现了中华民族通过对外交往来发展自己的文明，并为世界文明做出巨大贡献。尽管内于种种原因，我们历史上曾一度紧闭国门，但毕竟是短暂的，而且即使在这种情况下，中国的爱国者并未中断接触外部世界的努力和向西方学习的探索。当今的时代已经进入了新的世界科技革命时代，是努力掌握新技术，迎头赶上世界经济发展的步伐，还是坐失良机，被新的技术革命抛得更远，这是摆在中国人民面前十分严峻的问题。我们只能前进，不能失掉这次发展的时机，而唯有改革才能帮助我们抓住这个时机。因此，在我国改革已经是大势所趋，人心所向。以改革为己任，是充满时代责任感的爱国者必须具备的心理状态。改革开放是当今爱国主义的时代特征。

青年是社会生活中最积极、最有生气的力量。青年也最敢于改革，始终是党领导改革的重要依靠力量。因此，当代青年大学生更应该身体力行地发扬中华民族的自信、自尊、自强精神。努力通过改革开放和建设，改变祖国贫穷落后的面貌，做真正富于改革开放精神的新一代。改革开放需要青年爱国者为之奉献。改革开放是我国强国之策和富民之路。改革的精神来自于爱国的事业心。所以，当代青年大学生必须首先应具有一颗爱国之心，解放思想，大胆实践，勇于改革，勇于创新，把我国的改革开放事业不断地推向前进。

第三节 新媒体时代下要强化大学生纪律观念、树立科学人生观

一、加强大学生纪律修养，自觉遵守纪律

大学生认识纪律的本质和功能的目的是为了增强纪律观念，在实践中加强自身的纪律修养，提高遵守纪律的自觉性。做践行《行为准则》的模范。纪律的内容十分丰富。对于大学生来讲，最重要的是遵守政治纪律和学校的学习纪律。

（一）遵守政治纪律，维护安定团结

社会主义制度作为人类历史发展的崭新的社会制度，它必然要求继承以往一切文明的优秀成果、建立起与过去一切时代有着本质区别的新的关系，新的纪律。这是社会主义精神文明建设的一个重要内容。

在我国社会主义条件下，遵守纪律，首先是遵守党和国家的政治纪律。政治纪律是我们统一全党和全国各族人民思想和行动的根本原则。在当前，遵守政治纪律，就是坚持共产党的领导，坚持社会主义道路，坚持人民民主专政，坚持马克思主义，毛泽东思想，坚定不移地贯彻执行党的基本路线和各项方针政策，自觉地同党中央保持政治上和思想上的一致。党中央一再强调坚持四项基本原则的重要性，认为这是立国之本，是全国各族人民大团结的政治基础，是顺利进行经济建设的可靠保证。如果怀疑、否定、动摇四项基本原则，党就失去了战斗力，人民就没有了前进的方向，我们的事业就失去了胜利的基础。我们必须从思想上认识遵守党和国家政治纪律的极端重要性坚持四项基本原则指导自己的言论和行动，不说不利于国家的话，不做不利于国家的事，做坚持四项基本原则的模范。

遵守党和国家的政治纪律，坚持四项基本原则，还必须十分珍惜安定团结的大好形势，应该像爱护自己的眼睛一样维护我们社会的安定团结。在我们这样一个大国搞建设、搞改革、搞社会主义，没有稳定的政治制度是不行的，保持社会和政治稳定是改革开放和发展经济的前提条件，在社会动乱中不可能进行改革，也不可能发展经济，治则兴，乱则衰，古今中外，概莫能

外。人心思治，人心思稳是社会发展的大趋势，保持社会和政治的长期稳定，符合我国人民的根本利益，也符合世界人民的根本利益，其根本目的是为了更好地改革开放，更好地发展经济，使人民安居乐业。

（二）践行大学生《行为准则》

每所大学都有自己的校规校纪，诸如，学籍管理制度、考试制度、课堂管理制度等等。在高等学校诸多规章制度中，最重要的是国家教育委员会下达的《高等学校学生行为准则》（简称《行为准则》）。这《行为准则》对大学生的行为提出了全面的要求，它是国家和学校对大学生的基本要求，是检验大学生是否合格的重要标准。每个大学生都应该积极地学习《行为准则》，自觉地履行《行为准则》，用《行为准则》的要求来规范自己的行为，做合格的社会主义大学生。

国家教委下达的《高等学校学生准则》的主要内容如下。

维护国家利益。不得参与任何有损祖国尊严和荣誉、违背四项基本原则、危害社会秩序的活动，反对破坏安定团结的行为。

遵守宪法和国家的各项法律、规定。努力维护民主和法制的典范，反对无政府主义。

维护各民族的平等、团结、互助关系。尊重不同民族的风俗习惯和宗教信仰，反对损害民族团结的行为。

坚持社会主义集体主义。个人利益要服从国家利益、集体利益；同学之间团结友爱，互相学习，互相帮助，关心集体，反对极端个人主义。

坚持实事求是的原则。说话要有事实根据，办事力求从实际出发，正确开展批评与自我批评。

热爱劳动，积极参加社会实践，积极参加社会公益劳动、生产劳动和勤工俭学活动，虚心向工人、农民学习，不参与经商活动。

发扬艰苦奋斗精神。勤俭节约、不浪费水、电、粮食；不向学校和家庭提出超越实际可能的生活要求。

注重个人品德修养。服饰整洁，讲究卫生；诚实守信，谦虚谨慎；说话和气，待人有礼；男女交往，举止得体；尊敬师长，尊重他人；敬老爱幼，乐于助人；

勇于同不良行为作斗争。

积极参加体育锻炼和健康的文化活动，增进身心健康。

勤奋学习，刻苦钻研。在努力完成各项学习任务中树立科学性和革命性相结合的学风。

维护教学秩序，遵守学习纪律，考试不作弊。

维护公共秩序。遵守公共场所的有关规定，不扰乱秩序，不起哄；遵守学校校园管理制度，不打架斗殴，不赌博，不酗酒，不观看、传播反动、淫秽书刊和声像制品；不在禁烟区吸烟。

遵守宿舍管理规定。按时熄灯就寝，不喧哗、打闹。不影响他人的正常学习和休息；不损毁和私自拆装宿舍装备，不留宿异性；未经有关部门同意，不留宿校外人员。

爱护公共财物。保护公共设施，爱护花草树木；珍惜教学、科研设备；损坏公物要赔偿。

遵守外事纪律。在涉外活动中不做有损国格，人格的事；与外国留学生平等、友好相处；对外籍教师和国际友人以礼相待，不卑不亢。

（三）自觉遵守校规校纪

学校的规章制度同《行为准则》一样，都是大学生在校期间的行为规范。学校的规章制度对贯彻执行党的教育方针，树立良好的校风，培养合格的社会主义建设者和接班人都起着保证作用。

1.学校各项规章制度的内容

所谓学校的规章制度、就是学校用条文形式表现的，要求全体成员共同遵守的，按一定秩序办事的规矩。它是在多年办学经验的基础上制定的，是学校各项工作顺利进行的重要措施和全体成员的行为准则。学校的规章制度内容丰富，涉及到各个方面。和学生直接有关的规章制度，归纳起来分以下三个方面。

（1）政治性的规章制度

这类内容是从方向上对大学生的要求。除《行为准则》中的有关规定外，还有学生管理制度和"三好"学生、优秀学生干部、先进班集体、奖学金条件的有关规定。因为这种规章制度是带有方向性的，所以，要求每一个大学生必须严格遵守。

（2）专业学习性的规章制度

这类规章制度主要是围绕着同学们的学习问题而制定的。如，《学籍管理实施细则》、《实验室规则》、《考试制度》、《图书馆书刊借阅规则》、《学生实习纪律》、《奖学金制度》等。这些规章制度起着保证正常的学习秩序的作用。舍此学生就不能正常学习，学校也不能保持正常的教学秩序。

（3）生活性的规章制度

这些规章制度主要是围绕着同学们的正常生活而制定的。如，《学生宿舍管理制度》、《学生贷款制度实施细则》、《学生德智体综合测评暂行办法》、《一日生活管理制度等,都是为了保证学生在学校的正常生活秩序而制定的。

应该指出的是，各类规章制度的内容各有侧重，但其内容和作用是相互联系、相互作用的。在各类规章制度中，《行为准则》是中心。它全面地规定了学生在政治、学习、生活以及其他方面的行为规范。这就要求我们在纪律学习中把《行为准则》作为中心，并要求同学们养成严格遵守的习惯。

2.学校各项规章制度的作用

学校的各项规章制度是实现培养目标的重要措施和保证。没有这些具体的规章制度，学校就无法保证各项工作的顺利进行，完成培养合格人才的任务，也将是一句空话。

高等学校的各项规章制度是我们党的民主集中制原则的体现。民主集中制是我们的组织原则和社会主义纪律的核心，也是学校各项规章制度遵循的原则。人总是要生活在一个集体当中的，在社会主义条件下，要求每一个人必须按民主集中制的原则办事，自觉遵守和执行学校的各项规章制度。

学校各项规章是同学们健康成长的需要。一个单位、一个集体为了完成自己不同职能部门的任务，必须制订一定的规章制度，形成人们的行为规范，才能顺利开展工作。学校也是这样，如果学校没有各项规章制度，其教学、科研和生活就难以进行，就不能完成各项工作任务。试想，教室无管理规则，图书馆没有一个借阅制度，宿舍公约大家都不遵守，那将是多么混乱的局面？

如果是这样，真正的受害者当然是学生。因此，大学生应把遵守学校各项规章制度同各个人的利益联系起来，提高遵守校规校纪的自觉性。

3.自觉遵守和执行学校的各项规章制度

既然学校的各项规章制度对完成整个培养目标和保证学生健康成长都有重要作用，那么每个大学生就要自觉遵守它。

（1）认真学习学校各项规章制度，增强纪律观念

道德的要求是知和行的统一，但知是前提。大学生要想自觉遵守学校各项规章制度，就要求首先弄清它的内容，这是不可缺少的而且是重要的一环。

在大学生中还存在一些不正确思想倾向，这是导致一些大学生发生违纪行为的直接因素。主要是"守纪吃亏"。这样的人在很大程度上受社会上一些违纪现象影响，加之自身缺乏纪律修养形成的。因此，一旦自身利益受到损害后，就不能正确认识问题。例如，司空见惯的食堂就餐，当有人"插空加塞"得了便宜时，他不但不去劝阻、批评，反而认为他能插，我为什么不能插？！不插白不插。

所谓"互不干涉"。这些人以不限制他人为自己的行为限则，只要在日常生活中我不限制你，你也就无权干涉我。至于其行为是否违反纪律，则不是主要的，大有玩世不恭的味道。比如，有的学生在大家都入睡休息时，他仍在那忙自己的小天地，听录音、看小说，想什么时候睡就睡，想什么时候起就起，没有统一的纪律观念。

"法不责众"。有这种思想的人还能注意要求自己的言行，可是当身边的人违反纪律时，他便不坚持自己正确的看法。例如，学校规定学生不准酗酒，可是同房间同学举起酒杯以后，他也参加进来，以显示自己"随和"。

"开放就应放松"。随着改革开放的深化，有些学生认为，现在整个社会都在大开放大搞活，好多过去的条条框框不要了，学校还有什么必要对学生进行条条框框限制？认为学校的规章制度是多余的，大学生应按自己的"个性"和"价值观念"自由的发展。

"哥们儿至上"。有些学生对新时期人际关系学认识扭曲，认为人与人之间虚伪的多。只有"铁哥们儿"才君"真实"的、"实惠"的，在人际交

往中，以此唯上。于是，汇聚一些同乡、同趣者形成小团体，自持有些"实力"，随心所欲的违反集体纪律，甚至打架斗殴、聚众滋事。

"我行我素"。有这种思想的人，受无政府主义思想影响较深，认为一切事由自己对自己负责，只要自己不伤害别人，别人就不该干涉自己的一切。有这种思想的人，从根本上忘记了自己的社会责任。

以上这些不正确认识，影响一些大学生提高遵守纪律的自觉性，应引起充分重视并加以改正。

（2）在实践中养成习惯

人们常说："习惯成自然。"这就足以说明习惯的作用。良好习惯的养成都是在实践中进行的，这就要求广大学生在实践中养成遵守学校各项规章制度的习惯。上课注意听讲，不做学习外的事，不妨碍他人听讲和学习；在实验室，要一切行动听指挥，认真做实验；在阅览室，不大声喧哗，更不准把自己需要和喜欢的资料窃为己有；在宿舍，认真执行宿舍公约，搞好室内外卫生和个人卫生，内务整洁，不随地吐痰、不随便向外倒污水，不私装电器和乱拉电线，遵守作息时间，不说下流话，不看黄色书刊；在食堂，必须遵守就餐秩序，不加塞，不浪费食品，尊重炊管人员；在会场自觉遵守秩序，不迟到，不早退，不大声喧哗，更不能起哄，喝倒彩，鼓倒掌；自觉遵守请假制度等。如果能自觉做到这些，就能在不断的实践中，养成自觉遵守学校各项规章制度的习惯。其次，在养成好习惯的过程中，要培养自制能力，很多学生违犯纪律往往出自不能控制自己。连自己都管不住的人，是不会有太大作为的。要想克制自己的不良行为，就要注意自己行为的训练和培养。这些也需要在日常学习生活中进行。

（3）勇于开展批评和自我批评

批评与自我批评是解决人民内部矛盾的一种方法，也是大学生自我认识、自我教育的一种措施。自我批评，是对自我的一种认识。如果能在实践中正确认识自己，就会在发现自己不良行为时加以改正，使自己成为遵守各项规章制度的模范。批评就是对别人的不良行为给予规劝，以便别人改正。如果每个大学生都能正确对待批评与自我批评，那么绝大多数同学都会成为自觉

二、树立马克思主义人生观

何为人生？怎样正确地渡过人生？这是每一个人都要面临的课题，也是历代思想家、哲学家、伦理学家始终研究的一个问题。但在马克思主义产生之前，他们都没能得出正确的回答。

今天，在改革开放形势下，牢固地树立马克思主义人生观，对社会主义物质文明和精神文明建设；对于广大青年思想道德境界的升华都具有积极作用。

大学时代是大学生形成、确立科学的世界观和人生观的关键时期。科学的世界观和人生观能帮助广大学生在人生道路选择的关键时期，把握人生的航向，争做人生主人，成为合格的社会主义建设者和接班人。这既是大学培养目标的要求，也是党和人民的热切期望，是大学生自身成长、成才的决定因素和基本需要。

（一）马克思主义人生观的特征

在人类历史的长河中，从古至今，已经不知有多少人对人生做了种种描述，但是，在马克思主义产生之前，所有的关于人生的观点都没有能够科学地揭示出人生的本质。马克思主义认为，人生是现实的社会实践过程，是人们改造自然、改造社会的历程。马克思主义人生观是符合人类发展的客观规律的、是积极的、进步的人生观。因而是科学的人生观。它不同于一切剥削阶级的人生观，也不同于其他劳动阶级的人生观。它不仅继承了历史上各种进步的人生观的优良传统，而且是在现代大工业所造成的社会历史条件的基础上，在社会实践的检验中形成并完善的。

马克思主义人生观的基本特征如下。

第一，它建立在对社会发展规律的科学认识基础上的，它代表了社会发展方向，体现了人民群众的根本利益，具有无限的生命力。

而历史上的一切剥削阶级，由于历史的局限，阶级的偏见，不可能正确地认识社会发展规律，所以，也不可能确立科学南人生观。作为进步阶级出现时，有它先进的、进步的一面。但是由于它是违背历史发展规律的、当它的进步作用消失时，就会走向反动的一面。

第二，马克思主义的人生观以集体主义作为自己立身处世的基础。

无产阶级的产生是社会化大生产的产物，是先进生产力的代表。他的阶级地位和历史使命决定了只有解放全人类，才能最后解放自己。要完成这一历史使命，必须依靠全体阶级成员的共同努力，去实现本阶级的理想信念。这就决定了它必须以集体主义作为自己立身处世的根本原则。个人利益服从于阶级的、民族的、人民的整体利益。先公后私、公而忘私、大公无私。

第三，马克思主义人生观把为社会做贡献和为人民服务作为人生的目的。

马克思主义人生观区别于其他阶级人生观的重要标志是为谁服务的问题，这是人生的根本问题。剥削阶级的人生观无论表现形式多么不同，但人生的根本目的是为自己。马克思主义人生观对待人生的根本目的是为人民大众服务。

第四，马克思主义人生观以乐观向上，实事求是作为人生的态度。

马克思主义人生观是建立在辩证唯物主义和历史唯物主义基础上的。一个具备了马克思主义人生观的人总是以辩证唯物论和历史唯物论观察社会和人生。对社会和人生充满希望和信心，正视人生道路上的曲折和艰辛，对前途充满必胜的信心。在顺利的时候，决不放松努力；在困难和逆境之中，能鼓起勇气，永往直前。马克思主义人生观要求人们要用对立统一规律去观察、分析、解决人生道路上种种矛盾。以乐观向上的态度对待人生中的一切挑战。

（二）马克思主义人生观的社会功能

1.树立马克思主义人生观的方法

人生观作为一种思想观念是表现在个体身上的，而每个人的政治觉悟；道德品质、心理因素又不尽相同。对于每一个人来说，人生观不是先天就有的，而是在后天的社会实践中，在矛盾重重的人生道路中经过长期的艰苦的磨炼培养形成的。它的形成过程是一个由较低层次逐步向较高层次发展的过程。人生观既包括人们对人生的认识，也包括人们实践人生目的的行为。因此，它的形成也是认识和行为这对矛盾的辩证统一的发展过程。此外，人们的情感、信念以及一定的意志品质在人生观的形成过程中起着重要的作用。

树立马克思主义的人生观，需要有个长期的艰苦的培养和锻炼的过程。具体地说，树立马克思主义的人生观应该坚持下列各点。

第一，用马克思主义的科学的世界观武装自己。人生观是由世界观决定的，有什么样的世界观，就会建立与之相适应的人生观。马克思主义的辩证唯物主义和历史唯物主义，是我们观察人生、认识人生、对待人生的思想武器。加里宁说过，要成为一个坚强的共产主义者，首先要有坚定的共产主义世界观。科学的世界观能够帮助我们正确地、全面地了解自己、了解社会，建立坚定的信念，做生活的强者。

第二，在社会实践中培养锻炼自己，增长才干，学习一切先进的东西。在实践中检验自己的人生观是否正确，是否切合实际。实践是知识的来源，是马克思主义科学的人生观形成的基础，实践是检验真理的唯一标准，看一个人的人生观是否正确，主要是看其能否经得起社会实践的检验。社会实践的过程也是实现为人民服务的人生观，实现人生意义的途径。因此，离开了实践，离开了现实的社会生活来讲人生，只能是抽象的人生，任何的雄心壮志也只能是一种空想。因此，大学生应该自觉地投入到社会实践中去，在实践中健康成长。

第三，自觉抵制社会中各种错误人生观的腐蚀和影响。由于我们的社会正处于社会主义的初级阶段，因此它在很多方面，特别是在意识形态方面，旧的传统观念还有很大的影响。由于我们深化改革，势必会有一些资产阶级的腐朽的人生观念在现实生活中反映出来。这些腐朽的、错误的人生观以及形形色色的人生哲学，通过各种渠道腐蚀和影响着人们，特别是对青少年危害更大。因此，反对各种腐朽的人生观念的斗争，是一个长期的、艰巨的任务，对此要有一个比较清醒的认识，要用科学的观点、方法去认真地鉴别，取其精华，去其糟粕，提高反侵蚀的能力。

2. 马克思主义人生观的社会功能

第一，人生观是确定人生方向和选择人生道路的指南。人生观对人生实践起着方向盘的作用。在多种可供选择人生方向途径上，科学的人生观能够帮助人们辨明方向、识别美丑、善恶，朝着既定的人生目标迈进。而错误的人生观则会在人生的道路上引导人们走上歧途，踏上斜路。

大学时代是人生道路选择的十字路口，对处于即将走向社会的广大青年学生来说，树立什么样的人生观，选择什么样的人生之路，都是关系到整个人生的大问题。

马克思主义的人生观能帮助大学生在这个人生的十字路口进行正确的人生选择。帮助大学生认识、了解应当怎样走人生之路，为什么要走这样的人生之路，从而引导大学生选择一条正确的人生之路。

第二，人生观从根本上决定和影响着人生的出发点和归宿。人为什么活着、怎样活着才有价值。这是人生观的核心内容，是一个人在一生中首先要解决的问题。人的一生是为人民的幸福，祖国的前途命运无私地奉献，还是追求个人享受，吃喝玩乐，这实际反映的是人生的出发点和归宿点的方向问题。科学的人生观能帮助人们把人生的出发点和归宿点规定在正确的位置上。

广大的青年学生正处于观察人生、思考人生、规划人生、设计人生目标的关键时期，如能把握住人生的起始点的方向，就能在人生的实践过程中，减少失败，增加成功的机会。

第三，人生观是建立政治观、制约道德观的思想基础。人生观是一个人政治思想、道德素质的重要组成部分。因此，人生观决定着人们的思想意识性质和道德水平。

一个人的政治观是人生观的集中体现，因此，人生观是建立政治观的基础。一个人的政治观的形成是一个复杂的过程，在这个过程中人生观、价值观的状况和性质，则是形成政治观的重要的思想基础。我国进行社会主义现代化建设的今天，树立科学的人生观，能使全国人民牢固地也定社会主义的信念，按照社会主义的思想，建立无产阶级的政治观。

同时，人生观制约着道德观，调节着个人和他人、个人和集体、个人和社会、个人与自然的关系。可以说，有什么样的人生观就会产生与之相适应的道德观。只有树立科学的人生观，才有可能培养出社会主义条件下的高尚的道德品质。

第四，人生观是做人的向导。人的一生是充满着许多矛盾的，人的生命历程是一个复杂的矛盾运动过程。人生的实践过程是认识、解决和处理人生矛盾的过程，是实现人生目的的过程，是不断地解决人生中遇到的各种难题的过程。人的思想活动和行为都是在一定的人生观的指导下完成的，正是由于每一个人的人生观各有不同，以致于每一个人都在走不同于其他人的人生之路。也只有树立正确的人生观，才能识别什么是错误的人生观，才能有效地防止各种错误思想的影响，走正人生之路，实现人生目的，完成人生使命，为他人、为社会、为事业做出个人最大的努力。

第五，人生观是推动人生不断前进、不断自我完善的强大动力，也是一个人价值实现的评判标准。科学的、正确的人生观是一个人在人生道路上的不断进取、奋斗的动力源泉。一个人一旦树立了科学的正确的人生观，就会建立一个明确的、切合实际的人生目的，就会树立一个崇高的人生理想，就会为实现这一人生目的和理想进行不懈的努力，勇于面对人生的艰难困苦，坚定必胜的信念，热爱人生、热爱生活，使人生过得更充实，更有意义。人的生命是有限的，而人的潜力是巨大的，在正确的人生观的指导下，每个人都会在实践人生的过程中最大限度地发挥个人的无限潜力，贡献于社会、贡献于人类。使自己的人生价值达到最大值。一个人确立了什么样的人生观，不仅从根本方面上和态度上决定了他的道德理想，决定了他一生的奋斗方向和追求，而且还在一定的程度上决定了他在社会实践中的作用，马克思主义科学的人生观能帮助青年一代在建设有中国特色的社会主义伟大实践中成为有真才实学、品德高尚的一代新人。

三、新媒体时代下要努力实现最大的人生价值

人生价值是指作为客体的人在一生中对于满足社会主体的需要所具有的效用或意义。创造最大的人生价值，则是指通过自己的自觉的努力和创造，使自己在最大程度上满足社会的需要。之所以用努力创造这个词，是因为人的价值的实现，并不因为人的价值的客观性而就可以自然地完成。人的价值从本意上讲，仅仅表明了一种客观的关系，或着说是一种潜在的可能实现的关系，其真正实现还需要一定的条件和客体满足主体需要的客观过程。这尤其要求客体的人，必须付出一定的努力。另一方面，客体的人满足主体需要的效用或意义，即客体的属性，从其产生到不断完善和扩展，在很大程度上，也是依赖于客体的努力创造的。

人生价值的实现还具有一定的间接性特点。人与动物不同，人主要不是以其自身供他人满足或有效用、有意义于他人的。换句话说，主体需要的，主要的不是客体的人本身，而是客体通过努力的实践活动所创造出的一定的物质财富和精神财富。从这个意义上说，人生价值的实现还需要努力创造。在良好的条件下，人可以通过努力创造，实现其人生的最大的价值。具体来说，有以下五个方面。

（一）树立正确的人生价值观念

人创造并实现价值的活动都是在价值观念的调控之下进行的。有什么样的价值观念，就会有什么样的价值活动，从而就会有什么样的人生和人生价值。要实现最大的人生价值，从辩证唯物主义的价值学理论上讲，主要是客体必须创造最多的，能够在最大程度上满足社会和他人需要的物质和精神财富。这实际上就是由正确的以集体主义为核心的人生价值观念所推理出来的必然结论。如果不具有这种人生价值观念，甚至确立了以个人为本位的人生价值观念，信奉享乐主义、实用主义和个人主义，那么，一个人即使再努力创造，再拼搏奋斗，他所创造的财富或属性，也不是为着最大程度地满足社会和他人需要的。至多是"主观为自己，客观为别人"的，因此，他就不可能实现最大的社会价值，也就不可能实现最大的人生价值。

有的人把"自我设计，自我奋斗，自我实现"作为唯一的人生价值目标和手段，这是不现实的，也是错误的。离开社会，脱离社会关系，任何的设计和奋斗都不可能真正实现。过分强调自我，不仅极可能在社会条件面前处处碰壁，而且容易诱发利己主义和个人主义。从最终意义上说，评价人生客观价值的客观标准是社会的评价，而不是个人的或自我的评价。在社会主义社会里，只有使自己的人生价值观念与社会的人生价值观念统一起来，自觉、能动地顺应社会关系的要求，才是最优的价值选择。无益于社会，终究会被社会所抛弃，甚至被制裁。这样的人，不但不可能实现最大的人生价值，而且没有任何价值，甚至只有负价值。

（二）培养良好的个人素质

树立了正确的人生价值观，可以保证人的全部属性都发挥在益于实现最大的人生价值的方面上。但是，如果一个人没有良好的素质，过硬的本领，即使方向正确了，其人生价值也不能很大。

人的素质是一个很广的概念，从最基本的最重要的方面来说，良好的个人素质至少包括以下五个方面：良好的思想观念素质；综合文化素质；专业及技能素质；身体素质；心理素质。

（三）积极投身于社会实践

人生价值的实现，必须通过人生的社会实践。从一定意义上说，人生的实践活动，既以主客体具有价值关系为前提，又为价值关系的实现提供了手段。离开了人的实践活动、人就不可能创造出任何的物质财富和精神财富，人生价，值就无从谈起。离开了人的实践活动及其基础之上的认识活动，人的素质就不可能得气产生、完善和扩展。就不可能创造出最大的人生价值。人在改造客观世界的实践活动中也改造了自身，甚至改造了社会的需要，从而决定了人生价值的产生、扩展和实现。

（四）充分发挥人的主观能动性

人生价值作为价值的一种，其基础是作为客体的人的属性。但人与其他客体不一样，人还是主体，只有人是主客体的统一。因而，人具有主观能动性，即意识的反作用，它在人生价值的产生、评价、扩展、实现等各方面，都起着重要的作用。容国团以他的"人生能有几次搏"的精神，激励自己刻苦训练，顽强拼搏，终于成为中国第一个乒乓球世界比赛冠军，就是一个生动地发挥个人的主观能动性，努力创造、实现人生最大价值的例子。当然人的主观能动性，包含了意识作用的全部内容，但这里，我们主要指一个人的崇高理想和容国团的那种顽强拼搏、奋发进取的精神。只有发挥了人的主观能动性，人才能够在正确的人生价值观念的指导下，努力参加社会实践活动，才能自觉地努力地全面提高自己的素质，从而创造出更多的物质和精神财富，从而具有并实现最大的人生价值。

（五）创造一个良好的社会环境

社会环境可以分为大环境和小环境两部分。大环境包括社会的生产力水平、生产关系的性质、上层建筑的性质、科技教育发展水平、阶段矛盾状况等社会存在的基本情况。小环境主要包括家庭、学校、工作单位及个人的社会生活范围等。良好的社会环境，可以帮助人们形成和树立正确、科学的价值观念，促进个人素质的提高，有利于人的主观能动性的发挥。道理很简单，人是社会关系的产物，从本质上说，人是作用于他的所有社会关系的有机的总和。人生价值观念，人的主观意识，那是来自于客观的社会存在的。没有良好的社会环境，就难以产生科学的人生价值观念，就难以培养良好的个人素质，充分发挥人的主观能动性就成了无米之炊。

另一方面，人生价值的实现，最终要靠人生的社会实践，而社会环境决定性地影响制约着人生实践活动的深度、广度和质与量。只从社会大环境方面说，由于生产力水平的差距巨大，原始社会的人和现时代的人，其人生价值是不可同日而语的。由于社会性质的局限，旧中国多少仁人志士报国无门，壮志难酬。价值的形成是有条件的，价值的实现也是有条件的。良好的社会环境不仅可以保证人生的潜在价值的实现，而且还决定和影响着人生的潜在价值的大小。所以，要实现最大的人生价值，就要努力创造出良好的社会环境。

四、坚定人生信念，走正确人生道路

人区别于自然界的最明显特征是人具有丰富的思维。对于客观世界，人具有主观能动性，从而使自然界为人类服务。人的一生与动物的一生有共同点，这就是人与动物都在完成一个从生到死的自然新陈代谢过程；但人的一生与动物的一生又有质的不同，那就是人的一生的每一步都是有意识地进行的，都是按照人生理想的目标，规划自己的生活、工作，塑造自己的人格，确定自己在社会政治、经济生活中的立场和行为取向，而动物则是自然本能。因此，要走出一条光辉的人生道路，就必须科学地安排好人生道路的每一步，就必须坚定人生必胜的信念。否则，人的一生必然暗淡无光，庸庸碌碌。

（一）信念是人的精神支柱

信念，是人的自认可以确信的看法和观念，是人为了实现某种理想，对自己已确信的某种学说、思想、主义所抱的真诚信服和坚决执行的态度。它是人生认识和情感基础上产生一种思想意识，它一旦形成就具有较强的稳定性，是人生观成熟的标志。信念有正确与不正确之分。正确的信念是建立在对客观事物发展的科学认识基础之上的；不正确的信念是建立在对客观事物发展的错误认识甚至是颠倒歪曲的认识基础之上的。

信念对于人生是十分重要的。它是使思想变成行动的巨大力量。信念是人生的精神支柱和向导，正确的信念能够引人走向光明，错误的信念会使人误入歧途。在正确的信念支配下，如果选择的道路是正确的，即使是艰难困苦，也是无所畏惧的，甚至是在生死抉择的关键时刻，也不会动摇自己在正确信念指导下选择的人生道路。

（二）在社会实践中调整人生方位

人生道路的选择受主观和客观的诸多因素的影响，受人生观、世界观的支配。因此，人生道路一旦被选定就具有相对稳定性。由于客观世界在不断变化，人的主观世界也随之改变。因此，对人生道路的各个阶段的选择也要随客观世界的变化和发展而进行调整。

（三）从爱国主义者到共产主义者的成长道路

一个真诚的爱国主义者容易成长为共产主义者，而一个共产主义者，必然是一个真诚的爱国主义者。一个人对自己的祖国爱得越深，对祖国的前途、命运就愈关切。在为寻求救国救民的真理的过程中，在经历了无数次斗争和失败之后，就很容易接受共产主义思想，走上为实现共产主义而斗争的道路。许多革命先辈和先进分子，正是从忧国忧民开始，继而走上革命道路，最后成为共产主义者的。

当然，并不是所有的爱国主义者都能够转变为共产主义者。这里的关键在于人生观和世界观的转变。其中世界观的转变是一个根本的转变。没有这个根本转变，也就不可能实现从爱国主义到共产主义者的根本转变。世界观能够给人以一般的认识论和方法论的指导。无产阶级的世界观是科学的、进步的世界观，只有树立了无产阶级世界观，才能把握社会历史发展的方向，认识共产主义必定实现的客观规律；才能正确认识人民群众的历史作用，自觉投身于人民群众的解放事业和整个人类的解放事业。可见，世界观的转变是从一个爱国主义者走上共产主义者的人生道路上关键的一步。

当代青年学生要想走正这条人生道路。特别应注意以下两个方面。

首先，认真学习马克思主义理论，只有认真学习和领会马克思主义基本原理，才能对共产主义远大理想有一个科学的了解，才能把热爱祖国的强烈感情升华为对共产主义的坚定信念，进而确立共产主义的人生观。

其次，使自己投身于共产主义运动的伟大实践。共产主义运动是在实践中进行的，我们的社会主义现代化建设，我们的建设有中国特色的社会主义，我们从事的改革开放的宏伟事业都是这个伟大实践的重要组成部分。我们要看到，我们的生活中就闪烁着共产主义理想的火花，我们每天的实际生活和劳动同样也是这一伟大实践的一个有机的组成部分，是在为共产主义制度的建立铺路奠基。与此同时，当我们自己切切实实地体会到，已把自己的生活、工作和学习融汇到一个伟大理想、伟大的事业中的时候，我们就会在实践中深刻地认识到时代赋予我们的历史使命，并且深深地感到，我们自己是与祖国同呼吸共命运的。只有这时，我们才会下定决心，在实践中塑造自己、锻炼自己、完善自己，在通向共产主义的人生道路上，成为一个对于人民、对于人类有所贡献的人，成为一名共产主义战士，实践一条从爱国主义者到共产主义者的成长道路。

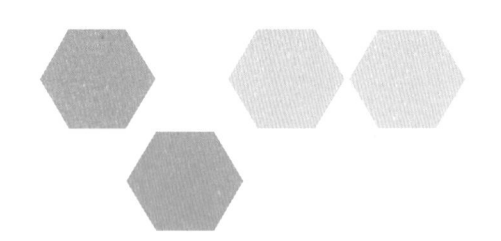

第十二章 新媒体时代高校校园文化建设

第一节 高校校报在校园文化建设中的作用

高校校报作为高校党委和行政的喉舌,一方面必须及时把学校办学方针、发展规划、中心工作等传达给广大师生;另一方面,高校校报作为学校与师生沟通的桥梁更要在校园文化建设中发挥出应有的作用。在高校校园文化的创建中,校报担负着引导舆论、培育新人、繁荣文化、传承文明等重要使命。经过多年的发展,高校校报从校园里转发简报和公文的内部刊物,发展成了校园里的主流媒体,校报更加贴近师生,更能引起师生们的关注,它的读者群更广泛稳定,更能在师生中深入地发布校园文化的信息,因此更加显示出它的优越性。相对于建设校园文化而言,校报拥有以下四项基本的作用:一是引领作用;二是桥梁纽带作用;三是启迪熏陶作用;四是监督作用。

一、引领作用

高校校报在学校所具有的重要地位决定了它的工作性质,其必须有正确的办报方向,大力宣传学校党委行政所制定的方针政策,为学校的发展稳定提供精神动力和舆论支持,把学校各项工作的进展情况及时地传达给全校师生;同时,也着力反映师生在教学、科研和学习方面的进展及经验,弘扬先进的校园文化,让全体师生积极参与到学校建设发展中来。在深入学习实践科学发展观活动中,《南昌大学报》专门开辟专栏进行深度报道,设有《深入学习实践科学发展观系列报道》《力行科教兴赣战略实现科技创新跨越》《深入学习实践科学发展观巡礼》等相关栏目,不但对活动的各个阶段进行及时的报道,而且校报采编人员深入学院、部门,对丰富多彩的活动和成绩进行了全面的报道，使实践经验得到及时推广，在校园师生内取得了良好的引领效果。

高校校园文化属于一种特殊的社会文化，是大学精神、传统和作风的综合表现，它是广大师生在校园环境内创造出的有校园特色的人文氛围、校园精神和生活环境。校报是校园文化活动中非常重要的载体，在校园文化建设中具有激励人、鼓舞人、引导人的作用，是凝聚人心和催人奋进的旗帜。校报在大学校园文化活动中会对学生的道德、伦理和思维方式产生深远的影响。

因此，校报在高校校园文化建设中的引领作用显得非常重要，主要表现为高校校报在开展校园文化建设中，在舆论和宣传上把握师生动向。第一，就是要利用校报把校园师生中的消极情绪和不良氛围引导到积极的精神上，把文化娱乐活动引导到高雅的校园文化中；其次，校报对校园文化的引领作用还表现为其提倡什么，反对什么，弘扬主旋律，在传播校园文化活动中潜移默化地把思想政治教育工作深入到师生的头脑中；第三，校报开辟专栏和专题，刊登新闻和理论文章，让思想性深入到优秀的作品之中，如：《南昌航空大学报》为了更好地加强校报的引领作用，在一版开辟新闻时评，以《内涵建设增实力特色发展谱新篇》结合学校实际，就学校发展的机遇与问题等进行探索，营造了抓机遇促发展的浓郁氛围；在国防生培养工作获得表彰期间，一版登载了消息之后，第三版又连续几期配发了《当代革命军人核心价值观之我见》《革命军人奋勇担当忠实履行神圣使命》《做一名文武兼备的国防骄子》《重塑军人价值观打造军队软实力》等评论员文章，师生们读到报道后会产生一种集体荣誉感和对学校的认同感，得到潜移默化地熏陶，让他们更好地去关注和学习。

同时，高校校报在发挥引领作用时拥有自身的独特优势：校报有固定的组织机构，可以采取新闻宣传手段向师生们传递校园文化信息，最重要的是校报是学校党委行政的喉舌，已经成为师生公认的校园文化的权威发布机构，同时以校园里的师生为服务对象，其对学校的文化建设具有非常大的影响力。

二、桥梁纽带作用

在高等学校的整体宣传工作中，校报这一媒介更具有权威性与主导性，它既是学校建设和发展的纪录者,也是对师生思想政治教育、引导舆论的重要阵地,校报义不容辞地担负着先进的校园文化的传播与宣传。就校报的作用而言,它像是一座联系全校师生、沟通学校的历史和未来的立体桥梁和纽带。通过这一桥梁与纽带,可以进一步加强学校党委行政与广大师生的联系和沟通,通过正确的舆论宣传把全校师生的思想行动引导到学校的目标上来,促进学校的进一步发展。

各高校校报在办报过程中往往是一方面通过报道具体生动的新闻事实和撰写言论等方式,把学校党委和行政的主张和意图、校园文化活动报道出来,宣传出去,使全校师生通过校报这一信息平台,了解学校的大政方针,同时指导自己的工作、学习和生活。另一方面,全校师生可以通过校报这个沟通渠道,向学校领导反映他们的意见和要求,这样校报就实现了传播信息、表达民意的桥梁纽带作用。如,《江西科技师范学院报》在引导校园文化建设中注重专栏建设,在其二版开辟了《春雨时评》《学子品课》,在三版开辟了《聚焦》等栏目。《春雨时评》主要是通过对师生员工们关心的问题做出评论,引起学校管理部门重视,架起了各职能部门与广大师生加深理解和沟通的一座桥梁;《学子品课》主要是通过校报记者的深入调查,通过采访大量学生,来对教师教书育人的方式方法进行探讨,并为教学管理部门提供参考经验;《聚焦》主要是对师生员工所面对的一些涉及学习、工作、生活方面的问题做出解释。这些栏目的刊登都受到了广大师生的热烈欢迎,特别是《聚焦》刊登的一些实际问题,不仅使这些问题得到了妥善的解决,也使有关部门弥补了许多工作中的漏洞。

各高校日常的办学过程中,在教师之间、师生之间、学生之间等在利益调整和荣誉分配方面会存在差异和矛盾,在校园中也会造成不稳定、不和谐等情况。这时校报可以发挥其纽带作用,在这些存在的问题上做出解释说明,尽力化解其中可能产生的矛盾和不稳定,使师生们能理解学校新的各项政策规章,在日常的教研和学习过程中能正确理性地对待各种矛盾,自觉维护学校安定团结的局面。同时,在办报中,高校校报应坚持"三贴近"的原则,通过开辟不同形式的专栏和专版,实现舆论引导和全校师生参与互动,为师生表达意见提供通畅的渠道。如,《南昌大学报》在办报工作中不断深入校园,挖掘典型人物的宣传工作;同时,采用系列报道、深度报道等多种形式宣传学校在教学、科研等方面所取得的成果,在第二版面开设《昌大先锋榜》专栏,对学校教师进行深入采访报道,宣传可歌可泣的先进事迹,在全校上下形成倡导良好的师德师风的氛围,对促进校风、教风建设起到了很好的促进作用,开设《校友之窗》栏目,对已毕业的、取得一定成就的校友们进行专访,介绍成功经验,畅谈人生的理想。这些都使师生们对学校的重大事件和校园文化的建设活动有所知晓,使他们能相互理解,增强向心力和凝聚力。

三、启迪熏陶作用

高校校报是代表舆论的力量,它的非强制性较易达到在校园文化活动潜移默化的作用,在全校师生当中可以产生非常大的影响。校报是使用新闻宣传手段来体现丰富多彩校园生活,在表现校园文化活动之时,也就是对事实的报道。学校的意图、观点可以不直接与师生们见面,是渗透在客观事实的报道之中,师生们在阅读校报时,就会不知不觉接受了学校的观点和意图,达到了潜移默化教育的意义。对于全校师生来说,阅读校报就是为了了解客观事实,如果校报的报道正确选择了事实,同样巧妙地表达了自己的观点,师生们就很难察觉出当中的宣传味道,就会在阅读的同时受到校方观点的启迪和熏陶。一些毕业生对自己的就业前景认识较模糊,要么对将来的就业期望过高,要么对自己的就业前景悲观,排解这一难题光依靠讲道理不能取得很大的成效,因此,必须进行有效的事实报道。该校报就这一问题进行了专题策划,对普通毕业生就业形势进行数据分析,并邀请就业指导专家和企业人事部门人员进行访谈,这些报道为对毕业生消除就业前的困惑起到了重要作用。

四、监督作用

新闻监督是运用新闻报道的形式,通过在新闻媒体上曝光的方式,对人们的不良言行进行监督。而学校的新闻监督同样也是学校师生对校园内不良言行的曝光,是学校监督机制的重要方面。目前,各高校发行的新闻类报刊只有校报,其担负监督作用责无旁贷。

高校校报在办报实践过程中,要对当前校园文化活动的各方面进行监督和反馈，体现新闻监督对校园文化建设的作用。校报能通过对师生们参与文化活动进行动态连续的报道，反映出师生们的呼声，表达出师生们的意愿，及时揭示校园内不正之风，让师生们从道德层面进行深入思考，大力提倡校园内诚信、友善、团结互助等风气，养成健康文明的校园生活方式。因此，高校校报要主动贴近师生们，在他们当中挖掘素材，树立典型，报道师生活动中的重点和亮点，用最合适的方式创造出新闻精品，实行科学监督。

高校校报在办报过程中发挥监督的作用，就是要发挥公众舆论意见的合力，大力促进学校的发展。媒介舆论监督作用就是造成的危害后果发生后，由于舆论监督的广泛公开性，在某些程度上给人们以警示作用，使其同类危害不再发生。有些不良行为并没有马上或直接给社会造成危害，媒介舆论监督及早地介入，使这些现象在发展过程中就能被消除，从而维护正常秩序。

从高校校报自身的发展来看，搞好舆论监督还可以赢得师生们的追捧和喜爱。校报编辑人员和记者在校园里工作和学习，对校园内的各方面情况比较了解，同时对校内管理和教学等工作中的某些不足现象会有直接的感受。在办报实践过程中，运用监督作用，可以让师生们在校园内有一个发表意见的媒介，更好地促进校园文化建设。

第二节 融媒时代下高校校报建设校园文化的创新思路

一、发挥校报的主流媒体优势

高校校报是学校党委和行政的机关报，是高校校园中占有主导地位的媒体，是高校加强思想政治教育和开展新闻宣传工作的重要阵地，是传播社会主义先进文化和精神文明建设成果的重要载体，是学校联系师生员工、海内外校友、学生家长和社会各界人士的重要纽带，是展示高校对外形象和塑造学校品牌的重要窗口。文件肯定了校报在高校校园的重要作用，并强调了高校校报在校园文化建设中应担负的重要使命。

现在，全省各高校基本都办有自己的校报，校报已经成为各高校的主流媒体，也是校园文化活动的重要载体。校报作为校内主流的宣传舆论工具，反映出来的主题就代表了学校的意图，报道的方向就是学校的发展方向。校园文化在高校就像一个天平,作为主流媒体的校报就像这个天平上的支点,是校园文化建设中塑造学校整体价值和扩展师生发展空间的文化支点。

然而,纵观全省各高校的校报,一般为旬报和半月报,师生们看到的一般是十几天前的消息报道,出版的周期长、报道新闻的速度慢,这使校报常常处于尴尬境地,校报的主流媒体的位面对着巨大的挑战。因此,面对新的发展形势,高校校报如果想改变目前的境地,就要主动出击,发挥高校校报所具有的独特的优势,在校园文化建设中实现舆论宣传的权威性,充分挖掘校园文化的深度广度。

高校校报在宣传舆论上被师生们普遍认为具有相当的权威性。校报在宣传舆论上的权威性决定了校报在校园文化建设方面具有权威性的优势。这种优势来自两个方面,即行政权力与宣传水平。从行政权力上看,校报是学校党委的机关报,在高校的校园媒体中处于主流地位,在校园文化建设上负有天然的权威性。省内各高校基本都设有独立的校报编辑部,一般隶属于党委宣传部,由于校报所处的这一特殊地位,使它具有发布学校权威信息的功能,而且校报独家报道学校发生的重大事件,这也在无形中加强了校报的权威性。校报还是新闻出版部门批准的新闻出版刊物,这种国家的正规管理制度真正保证校报出版发行的规范性,进一步增加它的权威性。

其次,通过加强校报的宣传水平也能树立校园文化建设的权威性。高校内部的宣传媒体主要有校报、广播台、电视台、校园网。从高校校园文化传播的权威性来比较这些宣传媒体,校报在大家心目中是代表学校的、严肃的、有深度的,它不仅是在传达新闻信息,而且是站在全校的高度将所获得的信息进一步加工并传播出去。因此,校报在校园文化建设中具有得天独厚的权威性。校报在传播校园文化中要充分挖掘其所具有的深度性的优势。虽然目前来看,在校的大学生们对校报的关注度有所下降,但是校报所发表的新闻信息,由于是贴近广大师生的,都是师生们身边的人和事,因此报道的内容仍然是师生们谈论的热点。再就是,高校校报在校园文化建设挖掘深度还要坚持把"办报育人"作为办报的宗旨,从校园生活的方方面面反映出师生在工作、学习和生活上的现状。报道只有深入到师生中,才能使师生们对校报产生兴趣并且爱看,因此在日常报道中应该加入更多的校园文化活动元素。校报要围绕学校教育思想观念、学生管理和校风学风等开辟理论学习、文化建设专版,刊载师生们的理论学习、教学工作探讨等方面的见解,围绕校园文化建设,校报应该多策划专题,为师生们提供展示特有的风采和表达内心思想的平台,引领师生们参与到校园文化活动中。

二、加强策划意识

作为高校主要的舆论阵地和宣传窗口,校报在办报过程中也要主动出击,将策划引入校报的工作中,增强校报的感染力、吸引力。所谓校报策划,就是针对大学校园里将要发生的事情进行预先的计划,找出事情的因果关系,探讨进一步将采取的方法,作为策划的依据。

校报是高校党委和行政的机关报,因此,学校党委行政的中心工作及师生们校园文化活动等都是高校校报策划的着力点。

首先,在进行策划过程中,要围绕学校的工作中心,对所选主题进行合理的策划,同时还要加强校报策划的计划性,对校园内突发性或是日常性的事件进行分别策划时,要对版面设计、学生记者的布置、图片选择等进行深入探讨,在实践操作过程中才能取得比较一致的意见。

第二,进行校报策划可以使校报所拥有的信息材料更具有前瞻性和合理性。从充分利用新闻资源来说,虽然到处都有新闻信息,但在一定时间领域内,为众人普遍关心的新闻资源并不很多,独家新闻,寻觅不易。为了避免优材劣用,大材小用,新闻也要精心策划。因此,只有对校报进行预先准确的策划,制定详细的方案,对采编工作提出明确的要求,才会使记者和编辑在某一事件上更好的深入采访,进行挖掘,从而获得丰富的新闻素材。

第三,进行校报策划可使校报的办报质量更快提升。校报策划也是一种创造性的思维活动,从报纸策划到编辑排版属于系统工程,在系统中每个环节都互相配合,能够发挥出整体的效应。从省内各高校的办报实践来看,凡是前期策划做得越周密充分的,出版的校报的质量就越高。因此,出版每一期校报都应尊重新闻传播规律,制定出详细周密的计划,并严格落实,深入采访,撰写高质量的稿件,从对事件进行全方位报道,这将使校报在运作中不断增强其报道力度。

在构建校园文化中，校报同样也要充分利用好校报的议程设置，发挥校报在高校媒体中的主导优势。要全面提高学生的综合素质，充分挖掘出他们的潜能，这不是通过课堂教育就可以完全做到的，在校报上要有意识地营造先进的校园文化，通过校园文化的潜移默化进一步促进育人的目的。高校校报作为新闻媒介同时又是校园文化的重要载体，就要利用好议程设置理论，发挥独特的优势和教育功能。针对学生群体中的新问题、新动向通过校报的议程设置，加以特别关注，及时给予报道，提前进行引导或疏导，为学生答疑解惑。同时，校报要深入到师生们的校园生活中，认真调查研究，进行议程设置，开展有针对性的引导，多用版面表现师生的精神风貌，多联系师生们身边的事例，引导师生们在交流中理顺情绪，化解出现的矛盾。

面对校报，师生读者群体都是相对固定的，他们整体的文化层次较高，接触的信息量大，具有很强的主动性，并且都有比较苛刻的阅读习惯，高校校报要满足师生读者们的阅读要求，就要把握住他们的阅读兴趣，知道他们的关注热点和所关心的焦点问题，因此，在办报过程中引入校报策划机制将有效地促进这些问题的解决。在校报进行策划时有几种具体的方法：首先在面对突发或重大新闻事件时，要在明确整体宣传方向的基础上，根据新闻事件的发展态势分解出若干个新闻点，再有计划的分批在校报上向师生分别刊出，并通过重复的方式找出他们的共鸣范围与程度，从而形成新闻宣传的合力；其次就是致力于新闻报道的深度和新意，并且掌握新闻的规律性；再就是要针对选题通过策划梳理出前因后果，整体贯通的系列稿件，力争做到相互补充照应。同时，校报在宣传校园文化活动的策划中更要注意与师生相结合，为更加吸引师生对校报的关注，策划中就要多站在师生的角度立场上看问题和想问题，多以师生校园活动为着力点策划，把师生的关注点和新闻报道的选点结合起来。

总之，面对新形势，校报进行预先策划已经被许多高校校报所采用。因此，能否领先一步，抢占先机，成为校报策划成功的关键，策划工作走在前面，在办报过程中将越来越促进校报更健康的发展。

三、注重校报的拓展与延伸

加强高校校报与网络的融合有助于校报的拓展与延伸，也将是校报今后发展的必然趋势。一方面，越来越多的社会大众把视线投向了高校校园，校园里的一举一动在网络上第一时间就可以家喻户晓；另一方面，高等教育体制的改革，必然引发师生们思想、言论上的强烈反响。而高校管理的日趋社会化、民主化，也激发了师生的参与意识，在校园网上，师生的声音也是越发壮大。面对如此多元、复杂的校园舆论格局，高校报网融合就可以借助网络丰富的资源优势互补，引导舆情，这也将破解长期以来校报发行和引领舆论滞后的窘境，在抢占高校校园第一话语权和校园舆论主导地位的竞争中夺得先机。

同样，在校报与网络媒体融合中，促进先进的校园文化建设是不可或缺的一个方向。报网融合要依靠高校校园文化所具有的文化思想和特色，构建丰富的文化内涵，以图片、音频和视频等多媒体手段，实现无时空限制的文化传播，这是报网融合体现出的媒介特色，也是校报对建设校园文化所应承担的责任。

就如何开展校报与网络媒体的融合方法是：首先就是要加强学校重大活动的校报与网络的互动。在校园重大活动的报道中，校报和网络可以联合互动，校报可以以系列、连续和专题报道的形式关注新闻事件的发展态势，同时网络以链接、多媒体等方式整合信息，制作网络专题或网页，在网络平台上，师生们可以第一时间阅读文字、图片新闻和在线直播，也可以随时发帖、发微博等形式直接参与新闻媒体的报道进程，这样校报也可以通过在网络互动中收集到的舆论反馈和新闻线索，及时调整新闻报道的方向和新闻点。但在报网融合中要切实加强引领先进文化方向，注重形成校报自身特色，在传播新闻信息的同时，传递高校的文化精神，达到报网育人的功能。其次，注重与校园论坛、博客的报网互动。论坛、博客由于具有匿名性与超时空限制的便捷性，已经成为师生们习惯的一种交流方式。在校园里，论坛和博客已成为反映舆论最集中的平台。校报与论坛、博客的报网互动就是要沟通讯息，引导舆论。可以以论坛和博客上的热门话题作为校报编辑的选题，采用网友的言论充实报道，校报与论坛、博客同步设置议题，以校报发布权威信息。但同时要注意的是，由于论坛和博客上容易出现噪音和杂音，校报人员应该以个体身份来与网友们互动，疏导网络上的不良信息，为校报与网络的健康发展扫除障碍。

目前，高校建立局域网起步较早、发展非常迅速，省内各高校也都基本实现了宽带接入，这为报网融合准备了优良的硬件基础。同时，师生们网上阅读新闻十分便捷，社会报网融合的经验也对高校的报网融合发展具有很好的借鉴作用，而且越来越多的新闻专业毕业、熟悉网络新闻制作的校报新人加入等这些有利条件都必将成为报网融合快速发展的促进力量。

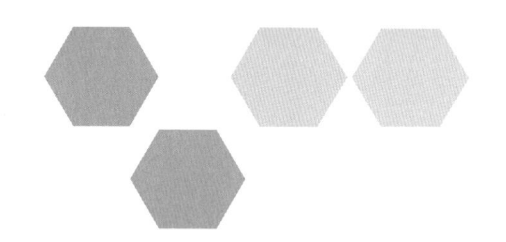

参考文献

[1] 施索华，裴晓涛．梁钦，武治国，李萌等副．新时代高校思政课的"打开方式"[M]．桂林：广西师范大学出版社，2018．

[2] 滕飞．思行致新高校思政育人工作的探索与实践[M]．北京：中国经济出版社，2018．

[3] 曾庆捷．博学·政治学系列发展政治学[M]．上海：复旦大学出版社，2018．

[4] 李欣．网络环境下学校思政教育的改革与发展[M]．长春：东北师范大学出版社，2018．

[5] 李霓．新媒体时代大学生思政教育挑战与创新[M]．天津：天津科学技术出版社，2018．

[6] 刘明新．进思[M]．北京：光明日报出版社，2018．

[7] 曾学龙等．民办高职院校思政课协同育人教学模式创新的实践[M]．广州：广东高等教育出版社，2018．

[8] 寿伟义．汪灿祥，周俊炯，单文荣等副．高职学生工作探索与创新大学生思政工作论文集2017年卷[M]．镇江：江苏大学出版社，2018．

[9] 徐杰．高校党的建设与思想政治工作研究[M]．北京：知识产权出版社，2018．

[10] 刘文红．新闻传播课程思政论文集[M]．北京：知识产权出版社，2018．

[11] 李慧．高校思政教育视阈下的婚姻家庭教育研究[M]．长春：吉林文史出版社，2019．

[12] 吕艳男，张亮，刘恩龙．迟昊婷，沈宁副．高校思政课理论教学与实践指导[M].北京：研究出版社，2019.

[13] 张晖．新时代农林高校思政课改革创新研究[M].北京：中国农业大学出版社，2019.

[14] 叶勇，康亮．新时代高职院校工科专业课程思政教育探索[M].成都：西南交通大学出版社，2019.

[15] 王静．构建外语院校特色思政工作体系的理论思考与实践探索[M].北京：光明日报出版社，2019.

[16] 齐艳．中国传统文化与高校思想政治教育的融合性研究[M].北京：中国广播影视出版社，2019.

[17] 李勤国，马英，张守红．高校产学研合作的理论与实践[M].西安：西安电子科技大学出版社，2019.

[18] 崔戴飞．思政活动课程建设案例集[M].北京：光明日报出版社，2019.

[19] 陈晓云．高校思想政治理论课教师的角色冲突[M].上海：上海三联书店，2019.

[20] 唐波．赵庆寺，李进付副．高校教师思想政治工作研究2018年卷[M].上海：上海人民出版社，2019.

[21] 赵晓春．互联网时代高校思政课翻转课堂的理论与实践[M].南京：南京师范大学出版社，2020.

[22] 曹东勃．新时代高校思政育人探索第2卷新理论·新实践[M].上海：上海财经大学出版社，2020.

[23] 崔戴飞，徐浪静．高校德育成果文库思政活动课程建设案例集有爱篇[M].北京：光明日报出版社，2020.

[24] 陈华栋．课程思政[M].上海：上海交通大学出版社，2020.

[25] 楚国清，孙善学．课程思政"三金"优秀教学设计案例[M].北京：首都经济贸易大学出版社，2020.

[26] 顾晓英．媒体中的我们聚焦上海大学课程思政2014-2019[M].上海：

上海大学出版社，2020.

[27] 赵红，詹晖，田佳.经济环境与高校人才建设培养研究[M].长春：吉林大学出版社，2020.

[28] 吴春莺.新时代高校思想政治理论课教师队伍建设研究[M].南京：江苏人民出版社，2020.

[29] 程艳丁祥艳.高校思想政治理论课"听读写说行"教学模式研究[M].北京：新华出版社，2020.

[30] 俞念胜等."课程育人"视域下高校思想政治理论课实效性研究[M].芜湖：安徽师范大学出版社，2020.